찰스 스펄전

찰스 스펄전

지은이 송삼용
펴낸이 안용백
펴낸곳 (주)도서출판 넥서스

초판 1쇄 발행 2009년 8월 10일
초판 2쇄 발행 2009년 8월 15일

출판신고 1992년 4월 3일 제311-2002-2호
121-840 서울시 마포구 서교동 394-2
Tel (02)330-5500 Fax (02)330-5555
ISBN 978-89-6000-586-0 03230
     978-89-6000-585-3 (세트)

www.nexusbook.com
넥서스CROSS는 (주)도서출판 넥서스의 기독 브랜드입니다.

영혼을 사로잡은 설교자

찰스 스펄전

송삼용 지음

넥서스CROSS

한 시대의 역사는 더 위대한 새 역사를 창조하는 발판이 된다. 각 시대마다 불꽃처럼 살다간 믿음의 거장들은 후대 젊은이들의 심장을 태운 불쏘시개가 되어왔다.

일례로, 18세기 부흥의 대가 조지 휘트필드의 심장을 불태웠던 불씨는 헨리 스쿠걸의《인간의 영혼 안에 있는 하나님의 생명》이었다. 근대 선교의 아버지 윌리엄 캐리의 가슴에 불을 지폈던 동력은《데이비드 브레이너드의 생애와 일기》였다. 그리고 중국 선교의 개척자 허드슨 테일러의 믿음 선교에 영향을 끼쳤던 사람은 조지 뮬러였다. 거장이 또 다른 거장을 낳은 셈이다.

역사를 빛낸 거장들의 생애를 탐구하면서 내내 마음 한편에 새겨둔 소망이 있었다. 시대를 빛낸 믿음의 거장들을 통해 또 다른 거장들이 배출되기를 소원하는 간절한 바람이었다. 거장들의 삶을 조명한 이유가 바로 그것이었다. 이 땅에도 하나님의 영예를 드높이는 위대한 거장들이 배출되기를 바라는 소망, 그리고 거장들의 숭고한 신앙과 삶에 도전받아 하나님의 손에 붙들린 바 된 또 다른 거장들이 구름 떼처럼 일어나기를 바라는 소망, 그것이 바로《믿음의 거장 시리즈》의 집필 목적이다.

역사는 변함이 없다! 역사를 다스리시는 하나님의 방법에도 변함이 없으시다. 그러기에 나는 여기에 소개한 거장들이 분명 우리 시대의 또 다른 거장들을 낳는 원동력이 되리라고 믿는다.

부족하지만 나는 그 일을 위해 쉼 없이 기도할 것이다.

《믿음의 거장 시리즈》에 소개된 거장들을 만나는 사람마다 심장에 뜨거운 불길이 타오르도록 간구하며, 그런 도전으로 인해 하나님의 이름과 교회를 빛낼 또 다른 거장들이 세워지도록 기도할 것이다.

찬란한 광채가 빛나는 거장들의 태양 같은 삶과 영성에 비하면 나는 금방 시들어버릴 듯한 반딧불같이 나약한 사람에 불과하다. 그럼에도 불구하고 값진 탐구의 대열에 서게 되어 몸둘 바를 모르겠다. 더욱이 거장들의 삶을 조명하는 일은 역사적 안목과 통찰력이 요구되는 전문적인 일인데도 일천한 지식으로 위대한 거장들의 생애를 탐구하게 되어 부끄러울 뿐이다.

벌레같이 보잘것없는 비천한 죄인에게 귀한 사역을 맡

겨주신 하나님께 감사드리며, 모든 영광을 하나님께 돌려드린다. 하나님의 이름과 교회의 유익을 위해 《믿음의 거장 시리즈》를 기획·편집한 넥서스크로스 편집부 직원들의 노고에 심심한 사의謝意를 표한다.

거장들이 준 감동과 도전, 그리고 하늘의 비전을 모든 독자와 함께 나누고 싶다.

2009년 7월

송삼용

차례

찰스 스펄전은 천부적인 재능을 소유한 설교의 대가였다. 역사가들은 그에게 '설교의 황태자'라는 칭호를 부여해왔다. 19세기 중반 이후 스펄전이 영국을 비롯한 세계 교회에 끼쳐온 영향을 생각할 때 그에게 주어진 그런 영광스런 칭호는 조금도 어색하지 않다. 그는 100년 전 조지 휘트필드가 지폈던 부흥의 불길이 사그라질 무렵, 다시 한 번 영국 교회를 복음으로 불태운 강단의 거성이었다. 동시에 19살의 나이에 뉴 파크 스트리트 교회에 부임하여 38년간 목회하면서 세기적인 부흥을 주도한 탁월한 목회자였다.

스펄전은 어렸을 때부터 쌓아온 방대한 독서력을 바탕으로 주옥같은 문장력을 과시하면서 많은 저서를 남긴 저술가였다. 칼뱅주의 신학을 전수한 신학자였으며, 목회자 대학을 설립하여 후진을 양성해온 교육자이기도 했다. 더욱이 그는 목회자요, 설교자이기 이전에 모든 사람에게 귀감이 될 만한 영적인 사람이었다. 그가 평생의 삶과 목회에서 추구했던 그리스도 중심 사상은 교회사의 찬란한 유산이었다. 설교의 황태자이기 이전에 그는 구원받은 하나님의 자녀로서 그리스도를 호흡처럼 간주하며 살았다. 마치 그리스도가 없이는 호흡할 수조차 없듯이 숨쉬는 순간마다 친밀한 교제를 나눴다. 이는 스펄전이 그리스도와의 깊은 교제를 심장부로 간주했던 청교도 영성을 어김없이 실천한 청교도의 후예였다는 것을 보여준다.

그는 어려서부터 청교도 집안에서 자란 영향으로 청교도 서적을 두루 섭렵하며 평생 청교도 신앙으로 살았고, 청교도 정신으로 설교하며 목양했다. 스펄전은 어린 시절부터 흠모해왔던 존 번연의 《천로역정》을 100번이나 읽을 정도로 청교도 사상에 심취했다. 서재에는 위대한 청교도 멘터의 사진을 걸어놓기도 했고, 자신의 장서 1만 2천 권 중에서 7천 권이 청교도의 작품이었다니 그는 역사 속에서 섬광처럼 번뜩이는 보화를 발견한 셈이다.

스펄전은 1834년 6월 19일 영국 에식스 지방의 캘버턴에서 존 스펄전과 엘리자 사이의 맏아들로 태어났다. 유아 시절에는 청교도 사상에 심취해 있던 조부모 슬하에서 자랐고, 남다른 교육열을 가졌던 부친의 영향으로 여러 사립 학교를 다니면서 미래를 준비했다. 10살 때에는 학업 때문에 콜체스터로 이사하여 스톡웰 학교에서 고전과 수학, 기하학 등을 공부했다. 그는 어려서부터 책 읽기를 좋아했고, 학교에서도 늘 두각을 나타낸 우등생이었다.

그 무렵 선교사 닐로부터 장차 자신이 하나님의 복음을 전하는 일꾼이 될 것이라는 말을 듣고 복음을 위해서 살아야겠다고 결심했다. 14살에는 런던 근처 메이드스톤의 성어거스틴 농업학교에서 공부했고, 15살 때에는 캠브리지 뉴마켓 마을의 학교에서 학생 겸 강사로 공부했다. 16살쯤에는 죄 문제로 고민하다가 한 무명 평신도의 설교를 듣고 놀라운 영적 체험을 했다. 복음 안에 있으면서도 죄로부터 자유를 얻지 못하고 괴로워하다가 "그리스도를 바라보라"는 설교에 마음이 녹은 것이다. 그 후 스펄전은 영적인 세계를 발견했다.

캠브리지에서 그는 성 앤드류 침례교회에 출석하면서 주일학교 설교를 담당했다. 그 후 주변에 점점 소문이 퍼져 17살 때에 워터비치 침례교회 설교 사역자로 부름받았다. 한동안 설교만 담당하다가 학교 일을 그만두고 담임목사로서 사역을 시작하여, 2년 사이에 40여 명 출석 교인이 400여 명으로 변하는 놀라운 부흥을 이루었다.

워터비치에 있는 동안 스펄전은 아버지의 권유로, 대학 진학을 위해 스테프니 대학의 학장 요셉 앵거스 박사와 인터뷰를 약속했다. 그러나 하인의 실수로 만남이 허사가 되어 대학 진학의 기회를 놓치고 말았다. 하지만 스펄전은 하인 뒤에 역사하신 하나님의 손길을 인정하면서 대학 진학을 포기했다.

워터비치에서 놀라운 부흥이 일어난 것이 계기가 되어 2년 후에는 런던 뉴 파크 스트리트 교회에서 설교 요청을 받았다. 뉴 파크 스트리트 교회는 당시 비국교도 교회 중에서 가장 규모가 큰 전통 있는 교회였다. 시무했던 담임목사들도 영국 교계에서 존경받던 지도자들이었다. 19살의 나이에 그런 전통 있는 교회에서 설교 요청을 받았으니 긴장과 두려움으로 설교할 수밖에 없었다. 그러나 어린 애송이 목사의 설교를 들은 교인들은 한결같이 스펄전을 담임으로 청빙하기를 원했다.

그 후 몇 번의 설교를 하고 나서 스펄전은 1854년 4월 19일 뉴 파크 스트리트 교회 담임목사로 부임했다. 스펄전은 부임하자마자 기도 목회로 강단을 쇄신했고, 어디에서도 들어볼 수 없는 탁월한 설교로 온 교회를 순식간에 사로잡았다. 그는 하나님께서 주신 천부적 설교의 재능과 말씀의 핵심을 뽑아내는 철저한 준비, 진액을 빼는 기도, 그리고 죽어가는 사람들에게 죽으러 가는 심정으로 설교했던 청교도 설교관으로 무장해서 런던과 영국 전역에 부흥의 불길을 지폈다.

그가 부임하자마자 교회는 부흥하기 시작했다. 그리고 얼마 후에는 몰려오는 인파로 인해 성전을 증축하게 되었다. 증축 공사 기간 동안에는 런던 시내 중심에 있는 엑시터 홀에서 예배드리면서 5천 석을 가득 메우는 역사를 이루었다. 성전 증축을 마쳤으나 구름떼처럼 몰려오는 인파를 더 이상 감당할 수 없어서 다시 엑시터 홀에서 예배를 드렸다. 이어서 런던에서 가장 큰 건물인 로열 서레이 가든에 있는 서레이 뮤직홀을 임대했다. 1만 2천 명까지 수용 가능한 그 건물에 2만여 명의 인파가 몰려들었으니 경이로운 일이었다.

그러나 예배 중에 원인을 알 수 없는 사고가 일어나 7명이 사망하고 27명이 중태에 빠지는 바람에 스펄전은 큰 충격을 받았다. 그 후 스펄전은 오랫동안 그날의 충격에서 벗어나지 못하고 정신적으로 고통을 겪었다. 하지만 그 사건을 계기로 스펄전의 명성은 전국적으로 확산되었다. 한 주에 12번의 설교를 감당할 정도로 설교 요청이 쇄도했다. 그의 설교문은 인쇄되어 전국에 배포되었고, 반세기 동안 세계 곳곳으로 전해진 설교문이 2억 부에 이를 정도였다. 그후 수년간 주일 출석 교인이 1만 명이 되었고, 주일마다 런던 시내의 교통이 마비될 정도로 부흥의 불길이 활활 타올랐다.

1856년 1월 8일에는 22살의 나이에 수산나 톰슨과 결혼했다. 그해 말 쌍둥이 형제를 낳았으나 그의 결혼생활은 험한 가시밭길이었다. 아내 수산나가 결혼 10여 년 후부터 병으로 자리에 누워 교회 출석도 할 수 없게 된 데다, 스펄전 자신도 병고로 인해 고통이 그치지 않았기 때문이다. 그런 가시밭길을 걸으면서도 3년간 기도로 준비한 끝에 1859년

‘메트로폴리탄 타버너클 성전’을 건축했다. 새성전은 6천 명을 수용할 수 있는 거대한 강당과 각종 부속실을 갖추고 있었다. 새성전으로 입당한 후 31년 동안 주일 평균 5천 명 이상이 출석하여 당시 세계 최고의 기록을 세웠다(1859년부터 3년 동안에는 평균 1만 명 이상 출석했다).

성전 건축 후에는 특별 집회로 〈칼뱅주의 강좌〉를 열어 교육에 힘썼고, 고아원 사역, 목회자 대학 설립, 선교, 교회 개척 등의 사역을 왕성하게 이루어갔다. 스펄전은 몸이 점점 쇠하는 줄도 모르고 거침없이 사역하다가 매년 건강 회복을 위해서 프랑스 망통Menton으로 가서 쉬어야 했다. 1891년 6월 7일 주일에는 마지막 설교를 한 후 망통으로 요양을 떠났으나 1892년 1월 31일 58세를 일기로 하나님의 부르심을 받았다.

1장

서재를 떠나지 않던 공부벌레

서재를 떠나지 않던 공부벌레

책 읽기를 좋아한 소년

찰스 스펄전Charles Haddon Spurgeon은 1834년 6월 19일 영국 에식스의 지방 도시인 캘버턴에서 태어났다. 그가 태어난 지 18개월쯤 되었을 때 그의 동생이 태어났는데, 그 무렵 그의 어머니 엘리자는 19살이었다. 엘리자는 혼자 두 명의 아기를 모두 돌볼 수 없어, 찰스를 스탬본에 있는 할아버지 댁으로 보냈다. 그 후 찰스(이하 스펄전으로 지칭)는 할아버지 제임스와 할머니 사라의 품에서 5년간 길러졌다.

스펄전의 할아버지 제임스James Spurgeon는 스탬본 교구의 조합교회 목사로 25년간이나 시무했다. 그는 런던의 헉스턴 대학 출신으로 걸출한 실력을 갖춘 목회자였다. 특히 청교도 사상에 심취해 있었고, 교인들과 주변 사람들에게 존경과 사랑을 받았다. 스펄전은 교회 목사관에서 유아 시절을 보내면서 3살 때 존 번연의 《천로역정》에

나온 삽화들을 처음으로 접하게 되었다. 대여섯 살쯤 되었을 때부터는 목사관에 있는 책들을 혼자서 읽기도 했다. 그런 영향 때문인지 9살쯤에 벌써 존 오웬John Owen, 리처드 십스Richard Sibbes, 존 플라벨John Flavel 그리고 매튜 헨리Matthew Henry 등과 같은 위대한 청교도 작품을 읽고 그것을 이해할 정도가 되었다.

할아버지 집에서 5년을 보낸 후 스펄전은 다시 부모에게로 보내졌다. 그의 아버지 존 스펄전John Spurgeon은 톨즈베리의 조합교회 목사였지만 광산업자의 사무실에서 점원으로도 일했다. 그는 두 가지 일을 하느라 자녀들과 함께할 시간을 거의 내지 못했다. 그렇지만 존에게는 남다른 교육열이 있었다. 그는 아들의 교육을 위해서라면 언제든지 거처를 옮길 만큼 열성적이었다.

스펄전이 처음으로 학교 교육을 받은 곳은 콜체스터의 사립학교였다. 존은 아들의 교육을 위해 그곳으로 이사해서 쿡 부인이 운영하는 학교에 아이들을 입학시켰다. 스펄전은 그곳에서 우등생이 되었고, 날이 갈수록 공부에 대한 열정이 깊어졌다. 어린 스펄전에 대해서 그의 아버지는 다음과 같이 회고했다.

찰스는 다른 아이들처럼 놀기를 좋아하지 않고, 늘 책을 읽었어요. 아내가 찰스를 찾을 때면 항상 책이 수북히 쌓여 있는 나의 서재에서 발견하곤 했지요.

존과 엘리자는 스펄전의 영적 성장에도 많은 관심을 갖고 있었다. 존이 바빠서 자녀들을 돌보지 못할 때 엘리자는 2남 2녀의 자녀들에게 영적 훈련까지 잘 담당했다. 엘리자는 어린 나이에 결혼하여 17명의 아이를 낳았으나 불행하게도 9명이 어려서 죽었다. 하지만 그녀는 남은 12명의 자녀를 모두 신앙으로 키워낸 훌륭한 믿음의 어머니였다.

후일 스펄전이 남긴 고백을 보면 어머니의 영향이 어느 정도였는지 짐작이 간다.

나의 훌륭한 어머니로부터 받은 경건한 말씀이 얼마나 많은 힘이 되었는지 이루 헤아릴 수가 없습니다. … 어떻게 내가 무릎을 꿇고 나의 목에 팔을 감은 채 기도하시는 어머니의 모습을 잊을 수 있겠습니까? "오, 나의 아들이 주님 앞에서 살도록 하소서"라고 드렸던 그 기도를 어떻게 잊을 수 있을까요?

10살쯤 되었을 때 스펄전은 콜체스터에 있는 또 다른 학교인 스톡웰 학교로 전학했다. 그곳에서 고전과 수학을 공부했으며, 특히 라틴어와 기하학에서 뛰어난 기량을 발휘했다. 스톡웰 학교에 4년간 다니면서 정신적인 훈련과 기초 지식을 차근차근 쌓아갔다. 14살 때에는 런던에서 남동쪽으로 몇 마일 떨어진 메이드스톤의 성 어거스틴 농업학교로 전학해서 동생 제임스James Archer Spurgeon와 함께 학교에 다녔다.

이 무렵부터 스펄전은 주위 사람들에게 선천적인 담대함을 보여주었다. '종교'를 가르치기 위해서 학교를 방문한 영국 국교회 사제와의 대화에서 분명한 신념과 의견을

피력하여 교사들을 놀라게 하기도 했다. 또래 아이들에 비하면 매우 뛰어난 실력이었다. 특히 유아 시절부터 할아버지에게 받은 영향 때문인지 청교도에 대해 깊은 관심을 가지고 청교도 서적을 두루 섭렵했다. 스펄전의 학창 시절에 대해서 동생 제임스는 다음과 같이 증언했다.

찰스 형은 공부밖에 몰랐습니다. 제가 밖에서 친구들과 노는 사이에 형은 책에만 몰두하고, 서재를 멀리 떠나지 않았습니다.

죄와 구원에 대한 갈등

스펄전은 어느 학교를 가든지 항상 최선을 다해 공부했다. 학업에 전력하면서 영적 성장에도 관심을 기울였다. 하지만 죄와 구원의 문제가 쉽게 해결되지 않았다. 그는 죄 때문에 어려서부터 고민해왔다. 그가 어렸을 때 보았던《천로역정》의 순례자가 등에 짊어진 짐은 다른 것이 아니라 죄의 짐이라는 것을 얼마되지 않아서 알게 되었다.

그 후에도 스펄전은 청교도의 서적을 읽어가면서 하나님의 눈에 비쳐지는 죄가 무엇인지 깨닫게 되었다. 그러다가 10살쯤 되었을 때에 자신도 그런 죄의 짐을 지고 있음을 깨달았다. 그리고 스스로의 힘으로는 그 짐을 벗어버릴 수 없다는 것도 알게 되었다. 그런 이유 때문에 스펄전은 더욱 고민했고, 힘써 기도에 주력했다. 하지만 여전히 죄의 짐은 벗어버리지 못했다.

그렇다면 무엇이 그토록 스펄전에게 죄의 심각성을 느끼게 만들었을까? 무엇이 그로 하여금 죄에 대해서 그렇게 번민하도록 했을까? 그것은 스펄전이 인식하고 있었던 신관神觀과 무관하지 않은 것으로 보인다. 다음의 진술에서 당시 스펄전이 갖고 있었던 신관이 잘 드러난다.

나는 에스더가 죽음을 무릅쓰고 왕 앞에 섰을 때 그녀가 느꼈던 감정을 느꼈습니다. 하나님의 자비하심과 나의 죄성 때문에 나는 회개의 마음으로 충만했습니다. 그 당시 내가 할 수 있었던 유일한 한 마디는 "오, 주여"라는 말뿐이었고, 유일하게 완성했던 문장은 "주여, 죄인인 나에게 자비를 베푸소서!"뿐이었습니다. 그분의 압도하는 듯한 위엄과 위대한 능력, 엄격한 심판, 그분의 흠없고 거룩한 인격, 그리고 모든 외경스러움들 — 이 모든 것들이 나의 영혼을 꼼짝 못하게 만들었고, 나의 영혼은 심각하게 쇠약해졌습니다.

스펄전이 개종하기 전에 가졌던 신관은, '하나님은 죄를 철저히 심판하신다'는 것이었다. 그런 신관은 스펄전이 어렸을 때 목사였던 제임스 할아버지로부터 들었던 요한계시록 이야기의 영향을 받은 듯하다. 어느 날 가정예배를 드리면서 어린 스펄전이 요한계시록 9장 2절을 낭독하게 되었다. 그는 "무저갱"이란 말의 뜻을 몰라서 할아버지에게 물었으나 그냥 읽기만 하라고 했다.

이후 스펄전은 매일 아침 가정예배 때마다 그 말의 뜻을 가르쳐달라고 졸라댔다. 그러다가 마침내 "죽고 싶지만 죽을 수 없고 끝없는 형벌이 있는 곳"이라는 대답을 듣고 큰 두려움에 빠지게 되었다. 하나님을 대적하는 자들이나 죄를 회개하지 않는 자들에게 내리는 형벌 이야기는 어린 스펄전의 머리에서 오랫동안 떠나지 않았다.

그때부터 스펄전은 하나님을 '죄를 심판하시는 두려운 분'으로 생각하게 된 듯하다. 그래서 스펄전은 심판하시며 모든 심령을 불꽃 같은 눈으로 감찰하시는 하나님 앞에서, 자기의 영혼을 옭아매는 셀 수 없는 죄를 벗어버리려고 몸

부림쳤던 것이다. 두렵고 떨리는 마음으로! 스펄전에게 하나님의 법은 "불 같은 칼이요, 끈이 10개가 달린 채찍"이었다. 십계명은 하나님께서 그의 영혼의 밭을 경작하는 데 사용하시는 거룩한 도구였다. 그것은 마치 10마리의 검은 말과 같았다.

그런 생각들은 스펄전으로 하여금 율법의 요구를 너무나 철저히 인식하게 만들었다. 그 결과 마음을 억누르는 죄의식은 날로 깊어만 갔다. 이러한 죄의식 때문에 스펄전은 구원의 문제를 깊이 생각하는 계기를 갖게 되었다. 그리고 어떻게 하면 죄로부터 해방되어 구원의 은혜에 참여할 수 있는지에 대해 알고 싶은 욕망이 불타올랐다. 이런 문제를 해결하기 위해서 스펄전은 구원의 문제를 다룬 청교도의 책들을 탐독했다. 하지만 거기에서도 가장 일반적인 해답 곧, 인간은 죄인이며 구원받아야 한다는 답을 얻을 수 있을 뿐이었다.

날이 갈수록 갈등과 번민이 더해갔다. 그러다가 스펄전은 마침내 하나님과 인간을 저주하기까지 했다. 나중에는 하나님의 존재 자체를 부인하는 상태까지 이르게 되었다. 물론 그때도 예수 그리스도가 자신을 위해서 십자가에 죽으셨다는 것을 알고 있었다. 그러나 예수의 십자가 사건과 자신의 구원 문제는 별개의 것으로 생각했다. 학업에서는 항상 남보다 뛰어난 면을 보여주었지만, 그런 이유 때문에 스펄전은 내적으로 심각하게 고통과 번민을 겪게 되었다.

스펄전이 알고자 했던 것은 순간마다 자기의 심령을 억누르는 셀 수 없는 죄들을 어떻게 용서받을 수 있느냐는 것이었다. 또 그 죄로부터 구원받기 위해 무엇을 해야 하느냐는 것이었다. 이러한 그의 의문에 대해서 누구도 분명한 해답을 주지 않았다. 밤새워 씨름하며 고민해봐도 갈등만 깊어질 뿐이었다. 책과 싸우며 생각해봐도, 아무리 설교를 들어도 그 문제를 해결할 수 없었다.

2장

형언할 수 없는 기쁨을 경험하다

그리스도를 바라보다

1849년 12월, 스펄전의 내적 갈등이 점점 더 심각해질 무렵 인근 동네에서 열병이 발생해 임시 휴교령이 내려졌다. 그래서 잠시 집으로 돌아갈 기회가 생겼다. 스펄전은 집에 돌아가 주일에 감리교회에서 예배를 드리다가 그렇게도 갈망하던 구원의 문제를 해결하게 되었다. 유명한 일화로 알려진 스펄전의 구원 체험이 일어난 것이다.

예배 시간이 다가왔지만 설교를 담당한 목사가 폭설 때문에 길이 막혀서 도착하지 못하고 있었다. 예배가 시작되었고, 설교는 한 평신도가 담당하게 되었다. 그는 단에 올라가 "나를 바라보라, 그러면 너희가 구원을 얻으리라"라는 제목으로 설교했다.

스펄전의 증언에 의하면, 그때 설교를 담당했던 평신도는 깡마른 체구에 좀 어리숙해 보이는 사람이었다. 발음도 정확하지 않았고, 학식도 높지 않은 듯했다. 그는 대수롭지 않은 직업—구두장이거나 재단사로 추측—을 가진 사람이었다. 그럼에도 불구하고 하나님께서는 강단에서 선포된 한 마디의 메시지로 스펄전의 죄와 구원의 문제를 해결해주셨다. "나를 바라보라"는 말씀이 스펄전의 심령을 뒤흔들어놓은 것이다. 그것은 스펄전의 심령을 찌르는 충격적인 말씀이었다. 한 번의 말씀이 마침내 스펄전을 그리스도의 십자가로 인도한 것이다. 그날 전해진 설교 내용 중 일부는 다음과 같다.

사랑하는 형제들이여! 실로 오늘 말씀은 아주 간단한 말씀입니다. … 성경은 "나를 바라보라"고 말씀하십니다. … 나를 바라보라 내가 핏방울을 엄청나게 흘리고 있노라. 나를 바라보라. 나는 십자가에 매달려 있노라. 나를 바라보라. 나는 죽었고, 묻혔노라. 나를 바라보라. 나는 다시 일어났노라. 나를 바라보라. 나는 하늘로 들림을 받았노라. 나를 바라보라. 나는 아버지의 오른쪽에 앉아 있노라. 오불쌍한 죄인이여, 나를 바라보라! 나를 바라보라! … 당신이 바로 이 순간에 복종한다면 당신은 구원을 받을 것입니다.

놀랍게도 이 설교를 듣는 순간 스펄전의 심령이 열렸다. 그는 살아 계신 구세주를 발견했다. 그 순간 스펄전은 눈이 빠져나갈 정도로 그리스도를 바라보았다. 동시에 값없이 은혜로 베푸시는 구원을 보았다. 그는 당시 설교를 듣고 느낀 구원의 체험을 이렇게 회상했다.

그때 그곳에서 구름은 걷히었습니다. 어둠은 물러가고 나는 태양을 보았습니다. … 그 행복의 날, 내가 구세주를 발견하고 그분의 사랑스런 발치에 올라가는 법을 알게 되었던 그날을 결코 잊을 수 없습니다. … 그날의 기쁨이 형언할 수 없었음을 나는 증거합니다. 나는 뛰어오르고 춤을 출 정도로 기뻤습니다. 아무리 열정적인 표현을 쓴다고 해도 그 순간의 기쁨에 미치지 못했을 것입니다. … 그 예배당에 들어갔던 10시 반과 다시 집에 돌아왔던 12시 반 사이에 내겐 분명 하나의 변화가 있었습니다. 단지 예수님을 바라보는 것만으로 나에게 변화가 일어났습니다.

마침내 스펄전은 오랫동안 겪어온 죄 문제의 갈등으로부터 해방되었다. 그는 구원의 감격 가운데서 새사람이 되었다. 그날 후부터 스펄전은 자신이 죄 문제와 싸우며 갈등했던 경험을 되살려 일생 동안 죄를 멀리하려고 몸부림쳤다. 어느 곳에서든지 모든 죄를 심판하시는 하나님 앞에서 죄를 증오했다. 날마다 죄와 싸우면서 그리스도의 거룩을 추구해나갔다.

워터비치의 설교 학교

스펄전이 15살이 되었을 때 다시 캠브리지의 뉴마켓 마을 학교로 전학하게 되었다. 그곳에서는 학생으로뿐만 아니라 시간강사(조교로 알려진 직책)로도 일하는 조건이었다. 그 다음 해는 온 가족이 캠브리지로 이사했다. 스펄전은 정식으로 교생敎生이 된 대가로 숙식을 제공받았다. 그 무렵 스펄전은 나이에 맞지 않게 영적, 그리고 지식적으로 성장해 있었다. 당시 정신적으로 어려움을 겪고 있던 어머니에게 보낸 편지를 보면 그의 성숙한 면모를 읽을 수 있다.

놀라운 기쁨의 순간들, 거룩한 교제의 시간들, 주님을 느낄 수 있는 축복의 나날들, 이 모두가 진실되고 분명한 것입니다. 올해 있었던 주님의 섭리를 되새겨보십시오. … 우리의 머리카락 하나까지 세시며, 우리를 그분의 눈동자

처럼 지켜주시는 하나님은 당신을 잊지 않으셨고, 오히려
영원한 사랑으로 당신을 사랑하고 계십니다.

캠브리지에 가자마자 스펄전은 성 앤드류 침례교회의
예배에 참석했다. 막 이사온 총명한 교생에게 교회 측에서
는 주일학교 설교를 담당해달라는 부탁을 받았다. 이것은
장차 설교의 황태자로 등극할 하나님의 사람이 공식적으
로 받은 첫 설교 요청이었던 셈이다.

스펄전의 첫 설교는 많은 사람에게 큰 감동을 주었다. 그
후 스펄전의 소문이 퍼지기 시작했다. 그의 탁월한 설교 능
력이 세상에 알려지게 된 것이다. 처음에는 주일학교 설교
만 담당했지만, 몇 주일이 지나면서 이곳저곳에서 평신도
로서 설교하는 특권을 누리게 되었다.

1851년 10월, 스펄전이 17살 되던 해에 캠브리지의 워
터비치Waterbeach의 한 침례교회에서 정식으로 사역해달
라는 요청을 받았다. 그곳은 오랜 역사를 가졌으나, 40여
명 정도 모이는 자그마한 교회였다. 말씀을 갈망하는 성도

들은 뛰어난 설교 기량을 지닌 스펄전에게 주일 설교를 담당해줄 것을 요청했다. 그가 비록 나이가 어리고 평신도이긴 하지만 목사직을 능히 잘 감당해줄 것으로 믿었던 것이다. 하지만 스펄전은 정식 목사가 아니었기 때문에 교회를 담임하는 것을 주저했다.

그러던 중 하나님께서 자신을 목사로 부르신다는 확신이 들어 제안을 수락했다. 그 교회가 속한 동네에 복음이 꼭 필요하다는 생각도 제안을 받아들인 이유 중의 하나였다. 워터비치에서의 첫 목회는 스펄전에게 하나님으로부터 부여받은 설교에 대한 확고한 사명을 심어주는 계기가 되었다. 처음으로 행한 설교 가운데 역사하신 하나님의 놀라운 능력을 체험했기 때문이었다. 워터비치에 부임한 후 스펄전의 설교 사역에 꽃이 피기 시작했다. 그의 설교가 소문 나면서 주변 마을에서 설교해달라는 부탁이 쇄도했다. 스펄전이 마음속에 설교자로서의 자화상을 그리면서 꿈꾸었던 기도가 응답되는 순간들이었다.

목사였던 할아버지의 집에서 유년 시절을 보낸 스펄전

은 어렴풋이 목사의 자화상을 그려왔다. 또한 뒤늦게나마 목회의 길을 걸었던 아버지 존의 남다른 교육열과 어머니 엘리자의 신앙 훈련도 어린 스펄전이 목사의 자화상을 그리는 데 큰 영향을 끼쳤다. 하지만 스펄전이 목사의 자화상을 그리는 데 직접적으로 영향을 받은 사건은 따로 있었다.

그가 10살 되던 어느 날 런던 선교회 소속인 리처드 닐 Richard Knill 목사가 그 지역의 선교 정책을 세우기 위해서 스펄전의 집에서 머무르게 되었다. 그는 선교의 열정과 비전을 가진 사람이요, 기도의 사람이었다. 닐은 며칠을 머무르는 중에 새벽 여섯 시에 스펄전을 깨워 정원에 놓여진 나무의자로 데리고 갔다. 그곳에서 기도하던 닐은 스펄전을 위해서도 기도하기 시작했다.

그는 스펄전에게 말씀을 읽어주면서 어린 시절부터 그분을 신뢰하면 반드시 하나님의 축복이 임할 것이라고 말해주었다. 그러고 나서 스펄전의 목을 끌어안고 장차 주의 말씀을 전하는 일꾼이 되게 해달라고 간절히 기도드렸다.

그런 새벽 기도는 하루로 끝난 것이 아니라 3일 동안 계속되었다. 3일 후에 닐은 가족 기도회 때 온 가족들 앞에서 스펄전을 무릎 위에 앉혀놓고 이렇게 말했다.

이 아이는 장차 복음을 전할 것입니다. 그것도 수많은 군중에게 말입니다. 이 아이는 장차, 네가 사역하고 있는 로우랜드Rowland 교회의 많은 군중 앞에서 설교하게 될 것입니다.

그러고 나서 닐은 〈하나님의 신비하심으로 기적을 이루시네〉라는 찬송을 스펄전에게 가르쳐주었다. 닐은 스펄전이 이 찬송을 배워서 부르자 6펜스를 상으로 주었다.

스펄전의 뇌리 속에는 장차 자신이 목사가 되어 대집회를 인도하게 될 것이라는 그 말이 사라지지 않았다. 어린 시절 스펄전이 그와 같은 경건한 사람을 만난 데는 특별한 하나님의 섭리가 있었으리라. 그로부터 10년 후 닐의 예언은 적중되어 정말 스펄전은 로우랜드 교회의 대집회를 인도하게 되었다.

쇄도하는 설교 요청으로 스펄전은 주일 오후뿐만 아니라 매일 오후에 말씀을 전하게 되었다. 10킬로미터 이상 걸어서 설교하러 가기도 했고, 비바람이 심하게 부는 날에는 비옷을 입고 약속된 장소에 가서 어김없이 말씀을 전했다. 먼 지방으로 갈 때에는 야간 여행을 위해 한 손에 성경을, 또 한 손에는 램프를 들었다. 스펄전은 그 당시야말로 자신에게 주어진 가장 좋은 '설교 훈련 학교'였다고 회고하며 다음과 같이 말했다.

나는 행복한 학교를 갖고 있었습니다. 그 속에서 계속적으로 실천 학습을 받음으로써 나는 그런 준비되어 있는 설교 자격증을 얻게 된 것입니다. … 그런데 나는 자신이 처음 받은 바 은혜를 성실하게 계속적으로 증거하였던 그 시절만큼 많은 것을 배운 적은 결코 없었다고 봅니다. … 그래서 나는 멋진 훈련 학교를 거쳤던 셈이고, 그 안에서 지속적인 훈련을 거쳐 지금 내가 하고 있는 그런 평이한 설교를 습득하게 된 것입니다.

~

온 교회를 사로잡은 소년 목사

~

스펄전의 첫 목회지였던 워터비치의 목회 현실은 열악하기 짝이 없었다. 교회의 재정 형편으로는 복음에 불타는 젊은 설교자를 뒷바라지할 수 없었다. 따라서 스펄전은 캠브리지의 학교에서 일하면서 생활비를 충당해야 했다. 주중에는 학교에서 일을 하면서 주변의 각 마을을 순회하며 복음을 전했고, 주일에는 워터비치의 교회에서 설교 사역을 감당했다. 한동안 그렇게 사역했으나 그의 마음에는 복음 사역에만 전력하고 싶은 마음이 불타올랐다.

결국 얼마 후부터는 학교 일을 그만두고 목회에만 전념하게 되었다. 그렇다고 교회가 그의 생활비를 전적으로 책임졌던 것은 아니었다. 당시에 스펄전이 교회로부터 받았던 생활비는 연 45파운드였디. 그 돈으로는 일주일의 집세인 60펜스 정도밖에(1년, 32파운드) 감당할 수 없었다. 하지만 사랑이 넘치는 일부 교인들이 종종 젊은 목사의 방에 빵과 식량을 가져다주어 겨우 생활해나갈 수 있었다.

장래가 총망되는 젊은 목회자가 사역하기에는 그곳의 상황이 너무나 열악했다. 더욱이 마을에는 온통 가난한 사람들뿐이었고, 낮에도 술에 취해 흥청망청하는 사람이 많았다. 사람들은 카드놀이를 일삼았으며, 불경건한 언행이 여기저기에서 들려오기도 했다.

그런 데다가 막 부임한 17살짜리 애송이 목사에 대한 반응도 달갑지 않았다. 그 교회 집사였던 로버트 코에Robert Coe는 스펄전이 첫 설교를 할 때 받았던 인상을 다음과 같이 진술했다.

그는 예배당의 한쪽 구석에 앉았고, 나는 다른 쪽에 앉았다. 나는 결코 그를 잊지 못할 것이다. 그는 너무나 창백해 보여서 그가 설교를 할 수 있을지 의문스러웠다. 그가 너무 어렸기 때문에 얕볼 수밖에 없었고, 교인들이 찬송하고 있는 사이에 나는 그런 생각을 하고 있었다. 찬송이 끝나자 그는 일어서서 성경 본문을 읽고, 율법 문제에 대해서, 바리새인과 서기관들의 외식에 대해서 외치며 … 설교하기 시작했다. 그때야 비로소 나는 그가 설교할 수 있다는 것을 알게 되었다.

대부분 새로운 목사를 무시하는 분위기였고, 일부 교인들은 냉소적이었다. 그들은 새로 온 목사가 너무 어리다는 이유로 무시하거나 얕보는 투로 대했다. 심지어 예배 시간 내내 '장난꾸러기 같은 어린 소년이 과연 설교를 해낼 수 있을는지' 의구심을 가질 정도였다. 그러나 스펄전이 설교를 시작하는 순간 모든 분위기는 순간적으로 바뀌었다. 그가 너무 어려서 설교할 수 없을 것이라고 생각했던 교인들의 생각은 기우杞憂였음이 곧 드러난 것이다. 스펄전은 설교를 시작하자마자 청중들을 사로잡고 말았다.

스펄전은 영감 넘치는 설교로 워터비치의 교인들과 마을 사람들의 영혼을 뒤흔들어 놓았다. 그 결과, 스펄전이 처음 왔을 때에 교인의 숫자는 40여 명에 불과했지만 얼마

지나지 않아서 무려 400명 이상이 모일 정도로 큰 부흥이 일어났다. 예배에 참석한 사람이 자그마한 교회당 안으로 모두 들어갈 수 없어, 창 밖에 서서 설교를 들을 정도까지 되었다.

한 여인의 간증은 워터비치 사람들의 변화된 모습을 잘 보여준다.

당신은 일찍이 술 취함과 불경스러움으로 악명 높은 마을을 지나가본 적이 있습니까? … 그곳에서 많은 불경스런 사람이 독한 술을 마셨고, 그와 같은 악이 퍼져 있어서 각색 종류의 난동과 사악한 행위가 비일비재했습니다. … 하지만 이제 술 취하고 방탕한 모습들은 거의 사라졌고, 남녀가 일하러 나갈 때, 즐거운 마음으로 영원하신 하나님을 찬양합니다. … 마을의 이 끝에서 저 끝까지 어디서나 초저녁이 되면 거의 모든 가정에서 찬송하는 소리를 들을 수 있다고 말하는 것이 나의 기쁨이며 행복입니다.

이런 증언은 스펄전이 첫 목회지에서 보여준 영적인 영향력이 얼마나 컸는지 보여주는 단적인 예이다. 워터비치의 교인들에게 영적 각성과 부흥의 역사가 일어나기 시작했다. 심지어 주변 마을 사람들까지 윤리적, 도덕적으로 엄청난 변화를 맞게 되었다. 워터비치에서 진정한 영적 부흥의 불길이 타오르기 시작한 것이다.

스펄전의 부임 후 워터비치 교회에는 놀라운 변화가 있었다. 그는 목양일념牧羊一念의 정신으로 2년 동안 교인들을 돌보는 일에 전력을 쏟았다. 각 가정을 심방할 뿐만 아니라 2~3일 동안 그들과 함께 지내며 영적인 성장을 돕는 데 힘썼다. 스펄전의 전기 작가인 달리모아Arnold Dallimore는 워터비치에서의 그의 사역을 다음과 같이 기술한다.

그는 거리에서 (영혼 구원을 위해서) 남녀를 구분하지 않고 말씀을 전했으며, 집집마다 심방했고, 심지어 교인 자녀들의 이름까지 상세하게 알고 있었다. … 그는 질병으로 고생하는 사람들을 심방하고, 고통받는 자들을 위로하며,

성도들이 임종하는 순간까지 자리를 지켜주었다. 그는 공적인 곳이나 사적인 곳을 구분하지 않고 복음을 전했으며, 사람들의 영혼이 구원받았다는 소식을 들었을 때 가장 큰 기쁨을 누렸다.

스펄전은 첫 목회지에서부터 목회적인 자질을 유감없이 발휘했다. 그곳에서, 다루기 힘든 사람들을 다루는 목양의 기술도 습득했다. 실로 스펄전은 오직 설교를 중시하면서 다른 모든 목회적 요소들을 포기했던 '설교 지상주의자'가 아니었다. 오히려 그는 설교를 통해서 교인들의 심령에 불을 붙인 후에, 가정 심방, 상담, 위로 예배, 임종 예배, 노방전도 등을 통해서 교인들의 영혼에 불이 꺼지지 않도록 했던 위대한 목회자였다.

실수 뒤에 감춰진 하나님의 손길

스펄전은 대학에서 공부할 기회를 갖지 못했다. 그렇기 때문에 그의 아버지는 워터비치에서 사역하면서 스테프니 대학Stepney College에서 공부할 것을 권유했다(지금은 리젠트 파크 대학Regent's Park College으로 바뀌었다). 물론 주변 사람들도 스펄전이 대학에 가야 한다고 권면했다.

하지만 정작 스펄전 자신은 대학 입학에 집착하지 않는 편이었다. 만약 자신이 대학에서 공부한다 해도 그것은 자신의 목회 준비를 위한 것은 아니었다. 다만 그것은 장차 목회자 대학Pastor's College을 세우는 데 보탬이 될 것이라는 생각을 가진 적은 있었다. 당시 대입 문제 때문에 그의 아버지에게 보낸 편지에서 스펄전은 이렇게 진술했다.

거의 모든 친구가 제게 대학에 가야 한다고 하지만 저는 대학 진학에 대한 큰 욕심이 없습니다. 아니 전혀 없습니다. 다만 그것을 기도의 제목으로 삼고 기도할 뿐입니다. 그렇게 하면 하나님께서 인도하시리라 확신합니다.

스펄전은 하나님께서 자신의 진로를 인도하실 것을 신뢰하면서 기도할 뿐이었다. 자신의 생애 가운데 하나님의 섭리가 드러나도록! 이처럼 스펄전은 목회 사역에서 뿐만 아니라 개인적인 삶에 이르기까지 전적으로 하나님의 섭리를 따르고 신뢰했다. 그 후 스펄전은 아버지의 권유에 의해서 대학 입학을 위해 학장인 요셉 앵거스 박사Dr. Joseph Angus와 면접할 것을 동의하고 약속을 잡았다(영국의 대학 입학 여부는 면접으로 결정된다). 면접은 캠브리지의 유명한 출판업자인 대니얼 맥밀란Daniel McMillian의 집에서 하기로 했다. 그때 스펄전은 그 일에 대해서 깊이 기도하고 생각하면서 약속된 시간 전에 도착해서 학장을 기다리고 있었다. 그런데 약속 시간이 훨씬 지나도록 학장은 면접 장소에 나타나지 않았다.

그러다가 두 시간이 지난 후에야 앵거스 박사 역시 그 저택의 다른 방에서 두 시간이나 기다렸다는 것을 알게 되었다. 하지만 그때는 이미 앵거스 박사가 런던행 기차를 타 버린 다음이었다. 당시 정황인 즉, 그 저택의 하녀가 앵거스 박사를 다른 방으로 안내함으로써 두 사람이 서로 다른 곳에서 기다리게 된 것이다. 그렇게 해서 결국 스펄전은 대학 입학을 위한 면접 기회를 놓쳐버리고 말았다. 인간적으로 생각하면 섭섭함과 아쉬움이 매우 컸을 것이다. 하지만 스펄전은 하나님의 섭리와 주권을 생각하면서 그 사건에 대해 조금도 미련을 갖지 않았다. 그는 당시의 심정을 이렇게 술회했다.

나는 그 순간에 조금도 실망하지 않았다. 오히려 또 다른 길로 나의 발걸음을 인도하시는 하나님의 섭리에 대해서 수천 번 진심으로 감사드렸다. … 나는 너무나 분명한 음성을 들었디. "네 자신을 위해서 훌륭한 것들을 구하고 있는가? 그것들을 버려라!" … 어떤 방향으로 가든지 하나

님의 인도하심을 기다리면 우리를 그 뜻대로 인도하시어

실패하지 않게 하신다.

스펄전은 마음속에서 들려오는 음성을 듣고 기뻐하면

서 대학에 진학하는 일을 포기하기로 결심했다. 그날 하인

의 실수로 자신이 면접 기회를 놓친 것은 전적인 하나님의

섭리와 주권의 결과라고 확신하게 되었다. 자신이 대학 진

학의 기회를 잃어버린 것이 결국 하나님의 뜻이라고 받아

들인 것이다. 사람의 실수로 인하여 대학 진학의 기회를 놓

치기는 했지만, 하나님께서 이미 자신을 워터비치로 인도

하셨다는 것을 믿었다.

그리고 지금까지 특별한 방법으로 워터비치 교회 부흥

을 이루신 것을 볼 때 하나님께서 섭리 가운데 이미 자신을

목사로 세워주셨다는 것도 확신하게 되었다. 그런 신앙적

인 확신으로 나중에 이 사건을 가리켜서 "하녀의 실수 뒤

에 감춰진 하나님의 손길"이라고 말했다. 이 사건과 관련

해서 스펄전은 어머니에게 보냈던 편지(1852년 11월)에서

자신의 영적인 상태를 다음과 같이 표현하고 있다.

저는 대학에 가지 못했던 것에 대해서 점점 더 감사하고 있습니다. 하나님께서 저의 인생길에 친히 빛을 비춰주시고, 은혜의 미소를 보내주시리라 믿고 있기 때문입니다. 대학 진학에 대한 모든 계획이 허사로 돌아갔을지라도 결코 후회하지 않습니다.

저는 가난하지만 (저를) 사랑해주는 사람들에게 복음 증거 사역을 했다는 사실을 기억하고 있습니다. 그 심령들, 보잘것없는 저의 보호를 받도록 제게 맡겨진 양 무리들을 잊지 않고 있습니다. 그래서 비록 그 결과로 제가 미천한 사람이 되거나, 가난하게 될 것이 예상된다고 할지라도 저는 거기서 대학 교육의 기회를 포기하고 저에게 할 수 있는 힘이 있는 동안 머물러서 말씀을 전하기로 결심했습니다.

그리고 아버지에게 보낸 편지에서도 대학 진학에 대한 자신의 입장을 이렇게 밝혔다.

저는 대학에 가지 않는 것이 좋다고 생각합니다. 그 이유로는 첫째, 그런 코스의 공부를 통해서 어떤 유익이 있습니까? 학교에서보다는 스스로 개발할 때 저의 능력은 더욱 증진될 것입니다. 제가 자신을 위해서 배우려고 노력한다면 충분히 배울 수 있다고 봅니다. 둘째, 하나님의 섭리가 저를 더 큰 목회 사역의 영역으로 몰아가고 있다고 생각합니다. … 450명의 회중, 사랑이 충만하고 열심히 기도하는 교회, 그리고 깨어 있는 청중, 하늘로부터 내려오는 능력 있는 설교를 생각해보십시오. 그런데 제가 그들을 어떻게 떠납니까? … 다섯째, 저는 그것을 아버지와 하나님께 맡겨드리려고 합니다. … 저의 뜻대로 하는 것이 아니라 아버지와 하나님의 뜻대로 이루어지기를 바라겠습니다….

스펄전은 하나님의 섭리와 절대 주권에 대한 확고한 비전을 바탕으로 지금까지 해온 것처럼 목회에 전력하기로 했다. 그것은 자기 희생을 통해서 하나님의 섭리 앞에 철저히 굴복했다는 것을 의미한다. 그분의 섭리를 따라서 자신의 계획을 과감하게 포기한 것이다. 그는 하나님을 위해서 모든 것을 포기했다. 사실 당시에 스테프니 대학에서 가르쳤던 신학 과목과 목회 일반에 대해서 스펄전이 갖고 있던 지식은 대학 교수들의 실력을 능가하는 것이었다.

달리모아에 의하면 스펄전은 이미 "태어날 때부터 독특한 천재성을 부여받았으며, … 그는 신으로부터 부여된 성직을 예비해왔고, 인간들의 손으로 만들어진 평범한 틀은 필요가 없었다."

3장

영국 군중을 사로잡은 청년 목사

뉴 파크 스트리트 교회의 설교 요청

스펄전은 워터비치에서 2년간 목회하는 동안 단지 나이가 어리다는 이유로 동료 목사들로부터 거침없는 공격을 받았다. 그러던 중 1853년 11월 캠브리지 주일학교 연합회의 강연에서 나이 든 목사들이 스펄전을 무차별적으로 공격하는 일이 있었다. 스펄전에게 그런 비난들은 고통스럽고 억울한 일이었다. 하지만 여린 스펄전이 비난의 화살을 받아야 했던 캠브리지 연합회 모임에서, 장차 그의 생애를 바꿔놓을 만한 중대한 사건이 일어나리라는 것은 아무도 예측하지 못했다.

그날 연합회의 모임에 참석해서 스펄전의 설교에 큰 감명을 받았던 사람 중에 조지 골드George Gould라는 사람이 있었다. 그는 모임 후 곧 런던에 거주하는 뉴 파크 스트리트 교회의 집사였던 윌리엄 올니William Olney라는 친구에게 편지 한 통을 보냈다. 그것은 워터비치의 뛰어난 설교자에 대한 극찬과 함께 그를 공석인 친구 교회의 담임목사로 추천한 내용이었다.

골드의 편지를 받은 올니는 그 추천의 편지를 교회에 전했다. 그리고 교회는 곧바로 스펄전에게 한 주일만 설교해 달라는 편지를 보냈다. 1853년 11월 마지막 주일 아침, 스펄전은 런던에서 온 편지 한 통을 받게 되었다.

원래 뉴 파크 스트리트 교회를 담임했던 리폰Dr. Rippon 목사는 예배용 찬송가를 편집한 다재다능한 인물이었다. 그는 63년 동안 그 교회에서 시무한 뛰어난 목회자였으며, 그의 명성은 이미 영국 전역에 퍼져 있을 정도였다. 리폰 목사의 전임자였던 존 길John Gill 목사 역시 그 교회에서 51년간 시무했다. 그 역시 많은 신학적인 저서를 남긴 저명한 목회자였다. 당시 뉴 파크 스트리트 교회는 비국교도 교회들 가운데 가장 규모 있고 유명한 교회였다.

그런 뛰어난 목회자들이 시무했던 교회에서 자신에게 설교 요청을 하다니, 스펄전은 편지를 받고 눈을 의심했다.

아마 편지가 동명이인에게 잘못 전달된 것 같다고 생각했다. 그래서 자신은 워터비치 출신이 아니기 때문에 '워터비치의 스펄전'은 자기가 아닌 듯하다고 편지로 그 뜻을 전했다. 그러자 교회에서는, 교회가 원하는 목사는 분명히 '스펄전'이라고 다시 답장을 보냈다. 결국 스펄전은 1853년 12월 18일 주일에 뉴 파크 스트리트 교회에서 설교하는 특권을 갖게 되었다.

스펄전은 토요일 오후 런던에 도착해 하숙집에서 하룻밤을 보낸 후, 다음 날 강단에 섰다. 강단에 오른 그는 오랜 역사가 담긴 예배당의 위용에 다소 위축되기도 했다. 외모에서 풍기는 촌스러움 때문인지 대부분의 교인이 얕보고 있는 듯한 분위기도 절망적이었다. 그날 예배에 참석했던 교인들은 1,200석의 의자에 고작 80여 명(많으면 200여 명) 정도였다. 좌석은 대부분 비어 있었고, 분위기도 썰렁했다. 하지만 하나님의 도우심으로 스펄전은 전체적으로 침울했던 분위기를 극복하고 담대하게 설교했다.

설교를 마쳤을 때 교인들의 반응은 놀라움 그 자체였다.

교인들은 지금까지 그런 설교를 한 번도 들어보지 못했다고 이구동성으로 말했다. 많은 사람이 스펄전의 뛰어난 설교 능력에 흥분하기까지 했다. 시골에서 온 젊은 목사의 설교 반응은 입에서 입으로 전달되어 저녁예배 때에는 훨씬 더 많은 사람이 모여들었다. 저녁예배 설교는 낮예배 때보다 약 3배 정도 길었다. 하지만 그렇게 긴 시간 동안 말씀을 들으면서도 대부분의 교인이 꼼짝 않고 말씀에 귀를 귀울였다. 마치 하늘에서 들리는 말씀을 듣는 것처럼 ….

당시 역사가였던 홀덴 파이크G.Holden Pike는 그날 예배에 참석했던 사람들과 대담을 마치고 나서 다음과 같이 증언했다.

회중들의 감동은 형언할 수 없을 정도로 놀라웠습니다. 거의 모든 사람이 낙담한 상황에서 마침내 용기를 얻게 되었습니다. 예배 후에 사람들은 아주 흥분되어 교회를 떠났고, 떼를 지어 가면서 그를 목사로 모시자고 이야기했습니다. 집사들은 사무실을 나와서 최선을 다해 그를 모시도록 힘쓰겠다고 약속했습니다.

　교인들은 가뭄에 빗줄기를 만난 듯 간절한 마음으로 스펄전의 설교를 다시 듣게 되기를 열망했다. 그렇게 사람들의 요청이 빗발치자 스펄전은 그것이 필경 하나님의 뜻이라는 확신이 들기 시작했다. 그리고 스펄전은 교회의 중진들과 이야기하는 동안 자신이 대학 출신이 아니라는 것을 미리 밝히기로 했다. 대학 진학은 스스로 포기한 것이었지만, 만약 자신이 그 교회의 목사로 부임하게 된다면 뛰어난 전임자들의 영향을 받은 수준 높은 교인들에게 설교하는 것이 부담스러울 것이기 때문이었다. 그러나 집사들의 반응은 의외였다. 그들은 스펄전에게 "그래서 더욱 특별한 추천이 되는 것입니다. 만약 당신이 대학 출신이라면 그렇게 많은 흥미와 열심을 가지고 있지 않았을 것입니다"라고 말했다.

교회의 반응이 그쯤 된 것을 파악한 스펄전은 그다음 달에 세 번(1854년 1월 첫째 주일, 15일, 29일)에 걸쳐 설교하기로 약속하고 하숙집으로 돌아왔다. 이튿날 아침 스펄전은 런던에 올 때와는 전혀 다른 기분으로 워터비치로 향했다.

한편, 두 주일 후에 다시 와서 주일 설교를 하겠다는 약속에도 불구하고 런던의 교회에서는 스펄전에게 곧바로 편지를 보냈다. 그 편지에는 지금 당장 담임목사로 부임해 달라는 교인들의 반응이 담겨 있었다. 심지어 일부 교인들은 개별적으로 편지를 보내기도 했다. 예를 들어, 당시 주일학교 교장을 맡은 윌리엄 커틀러William Cutler는 다음과 같이 썼다.

나는 교인들의 믿음이 연약할지라도 당신을 청빙하고자

하는 우리 모두의 간절한 기도를 하나님께서 들어주시리라고 믿습니다. … 확신하건대, 많은 집사의 요청대로, 당신이 뉴 파크 스트리트 교회를 위해서 결심하도록 성령께서 인도하실 것입니다. 하나님께서는 당신이 리폰 목사나 그 밖의 전임자들과 마찬가지로 수많은 영혼에게 기쁨의 왕관을 씌워주도록 하실 것이며, 수천의 영혼들을 그리스도의 십자가 앞으로 인도하도록 하실 것입니다. … 여기에 교인들의 회의에서 결정된 청빙 결의문의 사본을 동봉해 보냅니다.

청빙 결의문 사본

스펄전 목사 귀하.

우리는 대부분의 교인이 훌륭하게 평가하고 있는 당신에게 6개월 동안 설교 사역을 담당해줄 것을 결의하면서, 이 결의문을 집사들이 당신에게 전달한 후에 당신과 필요한 약속을 하기로 협의했습니다.

한 시대를 빛낸 위대한 목회자들이 사역했던 교회의 목사로 부름받았다는 사실 앞에 스펄전은 감당할 수 없는 희열을 느꼈다. 한편으로 그런 명성 있는 교회에서 목회할 것을 생각할 때 영적인 책임감을 느끼지 않을 수 없었다. 그러기에 스펄전은 뉴 파크 스트리트 교회의 청빙이 자신에게 그런 부담을 주는 일이라는 것을 정중하게 밝힌 후에, 일단 3개월 동안만 설교 사역을 담당해줄 수 있다고 답하면서 다음과 같이 통보했다.

시급한 문제는 공적으로나 사적으로 내가 이 큰 일을 감당할 수 있도록 모두 마음을 다해 우리 주 예수 그리스도의 하나님께 간절히 기도해야 한다는 것입니다.

스펄전은 자신의 사역에 대해 누구보다도 하나님의 섭리와 주권을 철저히 신뢰한 사람이었다. 그는 뉴 파크 스트리트 교회의 칭빙에 하나님의 섭리가 이루어지도록 기도했다. 또 청빙을 원하는 교인들에게도 그렇게 기도할 것을 당부했다. 뉴 파크 스트리트 교회가 스펄전을 목사로 청빙한 것은 오직 기도로 이루어진 아름다운 영적 열매였다.

이듬해 1월 스펄전은 세 번에 걸쳐 설교를 마쳤다. 그 후 정식으로 청빙을 받고 런던으로 떠나게 되었다. 하지만 지난 2년 동안 정든 워터비치를 떠나는 것이 쉬운 일은 아니었다. 스펄전도 고통스러웠지만 교인들에게도 큰 아픔이었다. 그곳은 비록 시골의 작은 교회였지만 스펄전은 온 교인을 진심으로 사랑했고, 교인들 또한 스펄전을 사랑했다. 더구나 교회 측에서 충분한 재정적 뒷받침을 하지 못하는데도 그가 자원해서 교회를 섬겨왔다.

열악한 조건에서도 스펄전은 교인들을 위해 희생과 봉사를 아끼지 않았다. 교인들 역시 정성을 다해서 스펄전을 섬겼다. 그러기에 이들 사이에 쌓인 애정은 쉽게 깨질 수 없는 것이었다. 물론 스펄전 같은 유능한 인재를 이런 시골 교회에 오랫동안 붙들어놓는 것은 그의 장래를 위해 바람직하지 않다는 의견도 있었다. 하지만 스펄전이 런던으로 떠나는 날 모든 교인이 슬픔을 감추지 못했다. 스펄전은 짧은 기간에 놀라운 부흥을 이루었던 지난 2년의 사역을 회고하면서 뜨거운 이별의 눈물을 흘렸다.

한편 런던에서는 새해를 맞이해서 1월 첫 주일부터 스펄전이 설교한다는 소문이 나돌았다. 그런 소문과 함께 첫 주일이 다가왔다. 스펄전이 강단에 서자마자 예배 참석자는 서서히 늘어나기 시작했다. 그러다가 세 번째 설교하던 주일에는 그 수를 헤아릴 수 없을 만큼 많아졌다. 상황이 이렇게 되자 교인들 사이에서는 스펄전이 속히 정식으로 부임해야 한다는 요청이 쇄도했다. 하지만 서로 약속한 3개월의 시험 기간을 거친 후, 1854년 4월에 이르러서야 정식으로 뉴 파크 스트리트 교회의 목사직을 수행하게 되었다. 그때 스펄전은 19살이었다.

성전 증축과 5천 석을 메운 인파

스펄전이 부임하자마자 교회의 상황은 놀라울 정도로 달라졌다. 이미 집사들이 예견한 바이긴 했지만, 영적으로 굶주려 있던 대부분의 교인이 영광스러운 말씀에 사로잡히게 된 것이다. 온 성도가 모일 때마다 기쁨과 환희를 맛보게 되었다. 따라서 예배에 참석하는 숫자가 폭발적으로 늘어났다. 그렇게 해서 스펄전이 부임한 지 한 달이 채 되지 않아 예배당의 좌석은 만원이 되고 말았다. 예배 참석자가 늘어남에 따라 교회 측에서는 복도에 임시 좌석을 놓았다. 하지만 그것도 모자라서 나중에는 창가에 서서 말씀을 듣는 상태까지 이르게 되었다.

많은 사람이 그의 설교 때마다 몰려드는 군중을 보고 스펄전을 "제2의 휘트필드"라고 일컫기까지 했다. 매 주일 교인들이 늘어나는 가운데 1854년 어느 날 저녁예배 시간에 스펄전은 이런 설교를 했다. "믿음으로 여리고 성이 무너졌습니다. 마찬가지로 믿음으로 이 뒤에 있는 벽이 무너질 것입니다." 그러자 예배 후 한 점잖은 노신사가 스펄전을 향해 거만한 말투로 말했다. "이봐, 젊은 목사! 우리에게 다시는 그런 설교를 하지 마시오! 우리는 정말 그런 설교를 두 번 다시 듣고 싶지 않다오." 그러자 스펄전이 물었다. "그게 무슨 말입니까? 그렇지 않아도 당신은 이제 더 이상 그런 설교를 듣지 않을 것입니다. 머지 않아 곧 뒤에 있는 벽이 무너질 테니까요."

계속해서 인파가 몰리자 스펄전은 내심으로 성전을 증축하고자 결심한 것이다. 부임한 지 몇 개월이 지나지 않았지만 믿음으로 강행했다. 그의 목회 리더십의 기초는 기도와 믿음이었다. 그는 무슨 일이든지 기도하고 난 후에 그것이 하나님의 섭리인가 싶으면 곧 믿음으로 일을 추진해나갔다. 성전 증축에 대한 '믿음 설교'가 있은 지 얼마 후에 교회는 수용 면적을 넓히기로 결의했다.

그리고 즉시 성전 증축 공사가 시작되었지만 그동안 예

배드릴 공간을 마련하는 일이 쉽지 않았다. 여러 곳을 물색했으나 그 정도 규모의 인원을 일시에 수용할 장소를 찾을 수 없었다. 결국 교회는 당시 4천 석의 좌석과 1천 석 정도의 입석을 갖춘 런던 시내 중심의 엑시터 홀Exter Hall을 임대하기로 했다. 하지만 엑시터 홀은 시에서 주관하는 교육 강좌나 음악회 등을 위해 사용되는 공공 건물이었기 때문에 그곳에서 종교 행사를 할 수 없는 상황이었다. 게다가 스펄전에 대해서 적대감을 갖고 있던 사람들은 갖가지 소문을 퍼뜨리며 홀을 사용하는 것을 반대했다.

그런 어려움에도 불구하고 교회는 지속적으로 시 당국에 협조를 구했고, 마침내 당국의 허락을 받았다. 그렇다고 모든 문제가 해결된 것은 아니었다. 장소를 임대했는데도 예배에 참석하는 사람들이 더욱 늘어난 것이다. 스펄전의 뛰어난 설교와 목회 실력에 대해 런던의 외곽까지 널리 소문이 퍼졌다. 19살밖에 안 된 풋내기 청년 목사가 유수한 역사와 전통을 자랑하던 뉴 파크 스트리트 교회의 장엄한 건물을 헐고 증축까지 하게 되자, 세인의 관심이 집중되지 않을 수 없었다.

증축한 예배당은 본당 1,500석에 주일학교를 위한 강당과 다른 방까지 합하면 약 2천 석 정도의 규모였다. 그러나 그동안 엑시터 홀에서 예배드렸던 사람들까지 새 예배당에 모여들어 도무지 교인들을 수용할 수 없는 상황이 되고 말았다. 예배를 드리러 왔다가 좌석이 부족해서 돌아가는 사람들이 속출했다. 그래서 교회는 임시 대책으로 오전에만 새 예배당을 사용하고, 저녁예배는 다시 엑시터 홀에서 드리기로 했다.

교회 측의 비상 대책에도 불구하고 여전히 사람들은 몰려들었다. 주일 저녁이면 엑시터 홀 주변은 수천 명의 사람으로 인해 교통이 마비되었고, 미처 안에 들어가지 못한 사람들은 창 너머에서라도 설교를 들으며 은혜에 도취되곤 했다. 심지어 예배당 주변을 서성거리며 희미하게 들려오는 말씀에 귀를 기울이는 사람들까지 있었다.

스펄전은 구름떼처럼 몰려오는 군중들을 자신이 원하는 대로 마음껏 다루는 웅변력과 언변의 자질이 있었다. 그는 단 5분 이내에 청중들을 웃게 했다가, 울게 했다가, 다시 웃게 할 수 있는 천부적인 웅변가요, 설교가였다. 사람들은 스펄전의 성대에 관해 무엇인가 설명할 수 없는 특성이 있다고 평가했다. 당시의 청중에 의하면, 스펄전의 목소리를 듣고 있으면 마치 자신에게만 말하는 것처럼 들린다는 것이었다. 뿐만 아니라 그는 청중의 가슴을 울리는 우렁찬 목소리와 부드러운 어조를 자유자재로 구사할 수 있었고, 심지어 어떠한 상황이든 거의 완벽에 가깝게 표현했다.

당시 스테프니 대학 학생이었던 데이비스G.H.Davis 목사는 런던의 한 전직 배우였던 세리단 놀스Sheridan Knowles가 행한 초청 연설을 듣고 다음과 같이 증언했다.

설교하는 법을 알고 싶다면 당장 가서 들어보십시오. 그의 이름은 찰스 스펄전입니다. 그는 청년에 불과하지만 세상에서 가장 훌륭한 설교가입니다. 그의 웅변은 완벽합니다. 너구나 그는 언기에 있어서도 대가입니다. 세상의 어느 누구도 그에게 그런 것들을 가르칠 수 없을 것입니다. 그는 정말 완벽합니다. 그는 모든 것을 알고 있습니다. 그는 모든 것을 할 수 있습니다. … 그 젊은이는 이 시대, 아니 모든 시대에 걸쳐서 가장 위대한 설교자가 될 것입니다. 그는 사도 바울을 제외하고는, 일찍이 복음을 선포했던 어떤 사람보다도 더 많은 영혼을 그리스도에게로 인도할 것입니다. 그의 이름은 모든 곳에 영원히 남게 될 것이고, 그의 설교는 세계의 여러 언어로 번역될 것입니다.

4장

세계적 설교자로 명성을 떨치다

세계적 설교자로 명성을 떨치다

서레이 뮤직홀의 기적 같은 인파

엑시터 홀에서 주일 저녁예배를 드리기 시작한 지 얼마 되지 않아서 또다시 더 넓은 장소를 물색하지 않으면 안 되었다. 구름떼처럼 몰려오는 인파를 감당할 수 없었기 때문이었다. 따라서 스펄전은 로열 서레이 가든Royal Surrey Gardens에 있는 서레이 뮤직홀Surrey Music Hall을 임대할 것을 생각했다. 그 건물은 런던에서 가장 크고 아름다운 건물로서, 1만 명에서 1만 2천 명까지 수용할 수 있었다.

며칠 새 뉴 파크 스트리트 교회의 건물 임대 소식은 거센 불길처럼 런던 전역에 퍼져 나갔다. 그 소문을 들은 사람들은 건물 입주예배를 손꼽아 기다리면서 스펄전의 설교를 기대했다. 하지만 어떤 사람들은 스펄전이 그 거대한 건물을 임대해서 군중들을 수용하려고 하는 것은 무모한 계획이라고 수군거렸다. 또 어떤 사람들은 스펄전이 영웅

심 때문에 헛된 일을 주도한다고 비아냥거리기도 했다. 한 세기 전에 휘트필드가 8만 명에게 설교한 적이 있었지만 그것은 야외에서나 가능한 일이었다는 것이다. 영국 역사 상 어느 누구도 그렇게 많은 인원을 실내로 끌어들여 설교 한 적이 없었다. 때문에 그런 우려는 당연한 것이었다.

건물에 입주한 날은 1856년 10월 19일 오후였고. 정오 가 지나자마자 여기저기서 사람들이 모여들기 시작했다. 스펄전은 계속해서 몰려드는 군중을 한곳에 수용하여 복 음을 전할 계획을 세웠다. 예배 시간이 임박하자, 순식간에 1만여 석의 좌석이 사람들로 가득 찼다. 그런 데다가 1만여 명 이상의 사람이 되돌아갈 줄 모르고 창문 너머에서 설교 를 들으려고 서 있었다.

스펄전은 그 광경을 보자 넋을 잃을 지경이었다. 건물 안 에 들어선 스펄전은 끝이 보이지 않는 청중 앞에서 예배를 인도하고 복음을 전하는 일이 불가능한 것처럼 보였다. 하 지만 스펄전은 하나님이 함께하심을 믿고 강단으로 나아 가 예배를 인도했다. 군중은 기쁨과 감사로 충만했고, 강당

단행본

영적 성장

성경 교재

청년·비전

자기 계발

NEXUS

하나님의 놀라운 계획

제임스 패커 지음 | 정옥배 옮김 | 4×6판 양장 | 336쪽 | 13,000원

이 시대의 대표적 복음주의자인 저자가 성경에 근거하여 풀어 쓴 책이다. 인생의 굴곡을 통해, 참된 평안과 기쁨의 길로 인도하시는 하나님의 은혜를 느낄 수 있다. 하나님께서 왜 나에게 고난을 주시는지, 하나님의 계획은 무엇인지, 하나님의 뜻은 어떻게 알 수 있는지, 크리스천은 과연 어떻게 살아야 하는지에 대한 의문을 해결해보라.

하나님의 여행자

브렌트 빌 지음 | 장택수 옮김 | 국판 변형 | 216쪽 | 10,000원

성령은 우리를 하나님께 가는 길로 인도하는 나침반이다. 그리고 우리는 한 치 앞도 예측할 수 없는 인생길을 걷는 여행자이다. 나의 계획을 내려놓고, 거룩한 나침반으로 흔들림 없이 목적지에 도착하라. 성령과 함께하면 하나님이 예비하신 멋진 여행을 즐길 수 있다. 떠날 준비가 되었는가? 나의 지도를 버리고 하나님과 여행을 시작하라.

믿음으로 유턴하라

찰스 스탠리 지음 | 김명화 옮김 | 4×6판 양장 | 192쪽 | 9,000원

매번 같은 문제로 넘어지는가? 과연 하나님의 인도하심을 받고 있는지 의문스러운가? 그렇다면 앞이 보이지 않는 지금이 바로 인생의 방향을 전환할 때이다. 더 이상 마음의 '이기적인 갈망'에 기대지 말고 '하나님의 신호'에 순종하라. 이 책은 인생의 터닝 포인트가 필요한 당신에게 믿음의 도전을 줄 것이다.

관계 필터링

게리 스몰리 지음 | 김태오 옮김 | 신국판 변형 | 184쪽 | 9,000원

삶이 잔뜩 꼬인 것 같고 더 이상 비전이 없어 보이는가? 나만 힘든 일을 겪는 것 같아 불평불만이 그칠 날이 없는가? 아직도 자기중심적인 삶에서 벗어나지 못하고 매사에 짜증이 난다면, 이 책에서 제시하는 방법을 통해 하나님과의 관계를 점검하고 그분을 삶의 중심에 모시라. 하나님과의 관계가 회복되면 우리 삶도 회복될 것이다.

4:8

토미 뉴베리 지음 | 정성묵 옮김 | 4×6판 양장 | 220쪽 | 11,000원

빌립보서 4장 8절로 삶을 디자인하라! 더 나은 건강과 성공, 행복한 결혼과 목적 충만한 삶. 아직도 '더' 나은 무언가를 생각만 하는가? 부정적인 렌즈에만 맞춰져 있는 당신의 지루한 일상을 빌립보서 4장 8절 말씀으로 디자인하라! 이 말씀으로 삶의 원칙을 세우고 생각하고 발견한다면 당신의 삶은 기쁨으로 충만해질 것이다.

넌! 크리스천

빈스 앤토누치 지음 | 마영례 옮김 | 신국판 변형 | 228쪽 | 9,800원

교회가 재미없고 지루하게 느껴지는가? 따분하고 무미건조한 종교에 실망하고, 성경을 하나의 역사로 생각했던 무신론자가 목사가 되어 전하는 생생한 영적 모험기! 교회는 재미없고 지루한 곳으로, 믿음은 형식적인 것으로만 생각하는가? 진정한 신앙인으로 거듭난다면 당신의 믿음은 한층 더 성숙할 것이다.

결혼생활의 깊은 문제를 해결하는 **기도의 힘**

스토미 오마샨 지음 | 마영례 옮김 | 신국판 변형 | 312쪽 | 12,000원

크리스천 부부를 위한 심리치유서이다. 자신을 변화시키는 것도 쉬운 일은 아니지만 배우자를 변화시키는 것은 더욱 어려운 일이다. 그러나 기도를 통한 하나님의 능력으로 두 사람 모두 다 변화될 수 있다. 이 책을 통해 삶을 변화시키는 하나님의 '기적'을 맛보며 결혼생활의 어려움을 기도의 능력으로 회복하기를 바란다.

나쁜 목사님?

여성훈 지음 | 신국판 변형 | 256쪽 | 9,800원

"우리 목사님 바꿔주세요"하고 불평하기 전에 꼭 읽어야 할 책이다. 큰 기대 없이 읽기 시작했다가 점점 빠져들고, 책장을 덮을 때쯤이면 우리 목사님과 우리 성도들이 다르게 보일 것이다. '피식' 웃음이 나오는 이야기, '글썽' 눈물이 나오는 이야기를 읽으며 결국 우리가 먼저 바뀌어야 함을 깨닫게 된다. 또한 자신도 모르게 몽글몽글한 사랑이 샘물처럼 솟아나는 것을 느낄 수 있다.

은 뜨거운 열기로 가득했다. 스펄전 역시 교회에서 드리던 예배와 별 차이 없이 말씀을 전했다. 그런데 찬송을 마치고 그가 막 기도하려는 순간 위층에서 갑자기 "불이야!" 하는 고함이 들렸다.

처음에 스펄전은 누군가 집회를 방해하려는 의도로 장난치는 소리인 줄 알았다. 그런데 계속해서 "발코니가 무너져내리고 있다. 건물이 무너지고 있다!"고 외치는 소리가 들렸다. 순간 사람들은 모두 긴장했고, 널찍한 강당에 공포의 분위기가 엄습해왔다. 그리고는 여기저기에서 함성이 들렸고, 일부 사람들이 자리에서 일어나 문 쪽으로 몰려들기 시작했다.

그런 중에도 스펄전은 분위기를 진정시키고 계속 기도를 이어가려고 했다. 하지만 곧 더 이상 예배가 지속될 수 없는 상황임을 깨달았다. 결국 사람들이 차례대로 문 밖으로 나가도록 종용했다. 사태는 점점 심각해졌고, 장내는 곧 아수라장이 되고 말았다. 사람들이 한꺼번에 몰려들면서 계단의 난간이 무너졌고, 문짝도 떨어져나갔다. 수많은 사람이 밀고 밀리는 가운데 계단에 넘어져 짓밟히는 엄청난 사고가 나고 말았다. 무려 7명이 사망하고, 28명이 병원에 실려가 중태에 빠지게 되었다. 스펄전 또한 군중 틈에 끼여 넘어지는 바람에 다칠뻔했으나 겨우 위기를 모면했다.

그날 사고의 원인에 대해서는 스펄전의 자서전은 물론 모든 전기 작가들까지 침묵하고 있다. 하지만 사고가 난 다음 주일에 스펄전은 목회기도에서 이번 사고가 중상모략에 의해서 일어난 것이라고 언급했다. 사실 그날의 사고는 적대자들이 고의적으로 집회를 방해하기 위해 일으킨 조작극이라는 의구심을 떨쳐버릴 수 없다. 하지만 그러한 의구심을 입증할 만한 단서가 없기 때문에 사고의 원인에 대해서는 우리 역시 침묵해야 할 것 같다.

사고 후유증과 전화위복

그날의 사고로 스펄전은 큰 충격을 받았다. 슬픔에 사로잡혀 낮에는 눈물이 마르지 않았고, 밤에는 무서운 꿈에 시달리며 지냈다. 사고가 일어나기 한 달 전에는 쌍둥이 아들이 태어나서 사역으로 인하여 지쳐 있는 스펄전을 위로해주었다. 그러나 이제는 귀여운 두 아들조차 그에게 위로와 기쁨을 주지 못했다. 스펄전은 심한 우울 증세까지 겪게 되었다. 방문객들의 발길이 끊이지 않았고, 기자들까지 몰려들어 사건을 확대하려는 움직임이 보였다. 그러자 집사들은 스펄전을 은밀하게 집에서 멀리 떨어진 조용한 곳으로 옮겨가도록 했다.

그렇게 해서 스펄전은 일주일 동안 한적한 교외의 어느 집에서 쉬면서 원기를 회복해갔다. 하지만 사고의 충격은 스펄전의 마음에서 쉽게 사라지지 않았다. 그 후로도 여생 동안 스펄전은 사람들이 많은 곳 또는 넓은 건물만 보아도 바짝 긴장감을 느꼈다. 또 가끔씩 그 끔찍한 사고가 떠오르면 기절할 듯 소름이 끼치기까지 했다. 상당 기간 스펄전은 깊은 좌절감으로 고통에 시달려야 했다. 그 사건은 "기도조차도 수고스럽게 생각된다"고 할 정도로 영적 생활에까지 영향을 미쳤다.

그러나 한 주일을 휴식한 후 스펄전은 영적으로 다시 힘을 얻어 그다음 주일에 강단에 섰다. 스펄전과 교회 측에서는 지난 주일의 사고로 인해 예배에 참석하는 인원이 줄어들 것을 예상하고 있었다. 그런데 뜻밖에도 군중은 변함없이 몰려들었다. 매스컴에서는 일제히 스펄전에 대한 중상모략과 비난의 화살을 거침없이 쏘아댔지만, 군중의 발길은 끊이지 않았다. 놀라운 것은 그날의 사고로 인하여 어느새 그가 세계적인 인물이 되어버린 것이었다.

이미 1855년부터 스펄전의 설교문은 매주 화요일에 인쇄되어, 우편을 통해 영국 전역과 다른 여러 나라에까지 전달되고 있었다. 그렇기 때문에 그날의 사고 소식 또한 자연스럽게 해외에까지 퍼져 나갔다. 그 무렵 스펄전의 설교 중의 일부가 책으로 출판되어 유럽 각지의 왕들에게까지 보내지기도 했다. 더구나 그 사건 이후에 런던의 외곽 지역이나 전국 곳곳에서 매 주일마다 사람들이 모여서 스펄전의 설교문 낭독을 들었다. 어떤 지역에서는 설교문 낭독을 듣고 200여 명이 구원받은 경이적인 역사가 있기도 했다.

어떤 사람은 자비自費를 들여서 스펄전의 설교문을 25만 부나 배포했다. 심지어 퀘이커 교도들까지도 스펄전의 설교문을 신문에 게재해서 자기들의 교구에 배포하기도 했다. 그런 식으로 영국 전역과 세계 각 곳에 전달된 설교문은, 1903년 영국의 한 작가에 의하면 "반세기 동안에 약 2~3억 부 가량 발행되었다." 스펄전의 설교가 그 정도로 널리 퍼져서, 스코틀랜드 어떤 지역의 사람들은 대영제국의 수상이 누구인지는 몰라도 스펄전의 이름은 익히 알고 있을 정도까지 되었다.

뮤직홀에서의 사고 이후 1857년 10월 7일에 영국 정부에서는 크리스털 궁에서의 국가적인 금식 집회의 설교자로 스펄전을 내정하게 되었다. 당시 정부에서 금식 집회를 개최한 것은 영국의 지배하에 있던 인도에서 반란이 일어났기 때문이었다. 그날 크리스털 궁 입구에서 인원을 점검한 결과 예배에 참석했던 사람의 숫자가 2만 3,654명이나 되었으니 당시까지의 역사상 실내 최대의 군중이었다.

한편 미국에서도 스펄전의 설교문을 읽는 것으로 만족하지 못하고 그의 설교를 직접 듣고자 정식으로 초청을 제의해왔다. "1만 파운드를 줄 테니 웅장하고 넓은 뉴욕의 음악홀에서 네 번에 걸쳐 설교해달라"는 내용이었다. 스펄전이 이 제의를 받아들였는지의 여부는 정확하지 않다. 하지만 그런 제의는 그가 이미 국제적인 인물이 되었음을 입증해준다.

이렇게 서레이 뮤직홀에서의 사고 후에 스펄전의 명성은 영국 전역과 세계 곳곳에까지 널리 퍼져 나갔다. 뿐만 아니라 매 주일예배에 참석한 군중도 전보다 갑절이나 늘었다. 예를 들면, 그 사건이 일어난 다음 달(11월)부터 1859년 12월까지 3년간 매주 평균 출석 교인이 1만 명 이상이

나 될 정도였다. 그날의 사고로 스펄전이 정신적인 고통에

시달리기는 했지만, 한편으로 그의 명성이 영국 전역과 세

계적으로 퍼지는 계기가 된 것은 확실하다.

부흥의 도구로 쓰임받은 참 목자

런던에 오기 전, 스펄전은 한 주간에 5회 정도 설교했다. 하지만 이제 보통 한 주간에 12번 정도의 설교를 하게 되었다. 더구나 서레이 뮤직홀 사건 이후에는 각처에서 설교해 달라는 요청이 더욱 빗발쳤다. 부흥의 불길이 무서운 속도로 번지기 시작한 것이다. 바로 한 세기 전에 조지 휘트필드가 지핀 부흥의 불길이 스펄전을 통해 다시 타오르고 있으니, 그는 분명 영적 부흥을 위해서 쓰임받은 하나님의 도구였다. 당시의 매스컴에서조차 "휘트필드 이후 가장 뛰어난 설교자"라고 극찬했으니, 직접 그 증언을 들어보자.

1856년 2월 18일 〈The Morning Advertiser〉
조지 휘트필드 시대 이후 그렇게 짧은 기간 동안에 이 침례교 목사와 같은 놀라운 평판을 얻었던 목사는 한 사람도 없었다. 그는 젊지만 — 21살밖에 안되는 완전한 풋내기 — 누구와도 비교할 수 없는 이 시대의 가장 대중적인 설교자이다. 그렇게 거대한 청중을 모을 수 있는 설교자는 아무도 없다.

영국 전역에는 스펄전을 극찬하는 보도가 쇄도했다. 이로 인해 각 교회는 스펄전을 초청해서 설교 듣는 것을 큰 영광으로 여기게 되었고, 사람들의 관심과 호기심은 더욱 커졌다. 그는 일약 부흥 운동의 대가大家로 부상하게 되었다. 그 무렵 스펄전의 초청 설교 일정이 얼마나 쇄도했던지 친구에게 보내는 편지에서 그는 다음과 같이 말했다.

사우스워크 뉴 켄트 로드, 1856년 2월 23일

사랑하는 친구에게.

피곤한 군병이 그대의 팔에 기대면서 글을 쓸 때 큰 위안이 되는군. 이번 주에는 11번 집회를 인도했고, 다음 주에는 13번 집회가 약속되어 있다네. 교회 외에서 설교한 횟

수가 지난해에 282회였고, 올해에도 지금까지 3개월 동안에 80회 이상이나 ― 다음 달에 30회가 예약되었기 때문에 ― 된다네. … 마귀가 횡행하고 있지만 주님은 더 강하시니 든든한 마음뿐이네. … 이번 주일에는 레이턴 버자드Leighton Buzzard, 푸츠 크레이Foots Cray, 카탐Chatham 등에 갔는데 모두 군중으로 인해 자리가 없었다네. 다음 주일 설교 일정을 보고 기도해주기 바라네.

주일: 아침과 저녁은 본교회. 오후에는 주일학교.

월요일: 아침은 하워드 힌턴Howard Hinton 교회, 오후와 저녁은 본 교회.

화요일: 오후와 저녁에 레이턴Leighton 교회.

수요일: 아침, 저녁에 시온Zion과 화이트 교회White Chapel.

목요일: 아침은 댈스턴Dalwton, 저녁에는 본교회.

금요일: 아침에 플레처 박사 교회Fletcher's Chapel.

그대가 사랑하는 찰스 스펄전

한편, 수많은 군중이 스펄전에게 몰려들자 일부 반대자들은 과연 그가 군중의 영혼을 사랑하는 참 목자인가라는 의문을 제기하기 시작했다. 그렇게 많은 교인을 어떻게 돌보느냐는 것이었다. 더구나 자기들과 상반되는 입장을 표방한 스펄전의 강한 신념을 가리켜서 나이도 어린 사람이 너무 건방지다거나, 쓸데없는 자만심의 소유자라고 비난했다. 그런 가운데 스펄전이 영혼을 사랑하는 참 목자이며, 성도들을 위해서 헌신하고 있다는 것을 입증해 보일 수 있는 절호의 기회가 생겼다.

1854년 템스 강 유역에서 콜레라가 발생한 것이다. 콜레라는 매우 빠른 속도로 런던 시내 전역에 퍼져 나갔다. 그렇게 되자 많은 사람이 전염병 때문에 큰 고통을 겪게 되었다. 이에 스펄전은 예정되어 있던 외부의 설교 일정을 모두 취소하고 환자들을 돌보는 일에 주력했다. 그렇게 교인들의 가정을 심방할 수 있는 기회가 생기자 스펄전은 그동안 돌아보지 못했던 연약한 가정을 하나하나 돌보며 위로하기에 여념이 없었다. 심지어 한밤중에도 환자를 심방했고,

어떤 날에는 새벽 3시에 일어나서 달려가기도 했다. 많은 사람이 죽어가는 순간에도 스펄전이 들려주는 구원의 메시지를 듣고 싶어 했기 때문이다.

그 무렵, 스펄전의 방문 후에 죽어가던 병자들의 병세가 그치는 치유의 역사가 일어나기 시작했다. 그러자 사람들은 그것이 기도의 결과라고 확신하게 되었다. 따라서 스펄전의 기도를 사모하며 심방을 요청하는 일이 더욱 급증했다. 이렇게 기도와 말씀을 사모하는 영혼들을 스펄전이 외면할 리 없었다. 그는 지친 몸을 이끌고 밤낮으로 각 가정을 방문해서 환자들의 치유를 위해 기도했다. 스펄전은 양들을 위해서 죽기를 각오한, 목양일념의 정신을 소유한 하나님의 종이었다.

시 당국에서는 전염병으로 쓰러져가는 사람들을 위한 특별 대책을 세웠지만, 무서운 속도로 번지는 콜레라를 막기에는 모든 여건이 역부족이었다. 결국 콜레라로 인하여 많은 교인이 사망하게 되었다. 스펄전은 매일 장례식을 집례하고 교인들을 위로하느라 정신없는 나날을 보내게 되었다. 콜레라가 발생한 후 계속해서 10개월 동안 스펄전은 뉴 파크 스트리트의 강단 사역과 환자 심방, 임종 예배, 장례식 그리고 위로 예배 등으로 인하여 육체가 지쳐 쓰러질 정도로 힘을 다해 목양에 힘썼다.

이로써 스펄전이 가짜 목사요 사기꾼이기에 영혼을 사랑하는 참 목자가 아니라고 비난해왔던 언론과 일부 적대자의 반격은 일고의 가치가 없다는 것이 입증되었다. 새벽부터 늦은 밤까지 양들을 돌보는 일에 몸을 아끼지 않았던 스펄전은 예수님의 목양 정신을 그대로 실천한 참 목자였다. 스펄전이야말로 사람들의 인기를 독차지하면서 누릴 수 있었던 모든 영광을 하나님께 돌린 사람이었다. 그는 양들을 위해서라면 기꺼이 목숨을 내놓을 만한 참 목자였다.

가시밭길 결혼생활

스펄전은 뛰어난 설교자요, 목회자였다. 동시에 탁월한 문장가이기도 했다. 그의 설교문을 읽노라면 어느 순간에 문장 속으로 저절로 빨려들어가는 느낌이 들 정도였다. 문장마다 갓난아이를 품고 젖을 먹이는 부드러움이 스며 있고, 초원을 뛰노는 암사슴 같은 생기가 넘쳤다. 한편 막 피어난 백합의 향기처럼 영혼을 은혜의 냄새에 흠뻑 취하게 만들기도 했다. 그런 문장력은 상상할 수 없이 많은 양의 독서를 통해서 다듬어진 실력이었다. 그의 빼어난 문장력과 천부적인 설교의 자질이 어우러져서 부흥의 불길은 더욱 활활 타올랐다.

스펄전의 문장력은 젊은 시절, 그가 아내 수산나를 은유적으로 묘사해놓은 다음의 글에서 특히 잘 드러난다.

그녀는 자기 남편을 기뻐한다. 그의 인품, 그의 성품, 그의 애정을 좋아한다. 그녀에게 그는 온 인류 중에서 총수이며 제일임과 동시에 그녀의 눈에 비친 그는 모든 것의 모든 것이 되는 존재이다. 그녀의 진정한 사랑은 그녀에게 속해 있고, 오로지 그에게만 속해 있는 것이다. 그는 그녀의 소우주이며 천국이며 선택한 보물이다. 그녀는 자신을 위해서 명성을 추구하지 않는다. 그의 명예는 그에게 돌아오게 되고, 그녀는 그것을 기뻐한다. 그녀는 사력을 다하여 그의 이름을 수호할 것이다. … 심지어 옷을 차려입을 때에도 그를 생각하며, 그가 싫어하는 것이면 조금도 아름다운 것이 아니라고 여긴다.

수산나는 1853년 12월 18일 런던 뉴 파크 스트리트 교회에서 설교하는 스펄전을 처음 보았다. 그날 저녁에 그녀는 소문을 듣고 찾아온 소수의 사람과 함께 예배에 참석했다. 하지만 워터비치에서 온 19살의 목사에게서, 그녀는 아무런 감동을 받지 못했다. 앳된 얼굴에다 촌스러움까지 줄

줄 흐르는 소년 목사라니….

나중에 수산나는 그날 저녁에 자신이 받았던 느낌을 이렇게 말했다.

그래 이것이 소위 그의 웅변이란 것인가! 나는 전혀 감동이 없었다. 얼마나 보기 거북한 시골뜨기 거동이었던지! 도대체 그는 그 끔찍한, 새파란 비단 손수건을 흔들어대는 거동을 언제 그만둘 것인가! 게다가 그의 머리카락 ─ 왜 그는 이발사의 조수와 같은 모습을 하고 왔는가!

이듬해 스펄전은 뉴 파크 스트리트 교회에 부임했고, 몇 개월 후 자신을 교회에 처음 소개했던 올리 집사 집에서 수산나를 몇 차례 만났다. 수산나는 특별 집회에 참석한 이래 정기적으로 스펄전의 설교를 들어왔지만 그때까지는 뉴 파크 스트리트 교인이 아니었다. 그러던 어느 날 수산나는 스펄전의 설교에 큰 은혜와 영적인 감동을 받았다. 그런 가운데 올리의 주선으로 개별적인 만남을 가지게 되었다. 그

후 수산나의 마음속에 애정의 싹이 피어났고, 그녀는 스펄전에게 마음을 전했다. 20살 청년기에 접어든 스펄전 역시 자신에게 따뜻한 관심을 보여준 여인을 외면할 수 없었다. 결국 스펄전 또한 마음을 담아 수산나에게 《천로역정》 복사판을 선물했다. 표지 안쪽에는 정성을 다해 자필로 "찰스 스펄전으로부터, 1854년 4월 20일"이라는 글귀를 적어 장차 찾아올 로맨스를 기약했다.

얼마 후 수산나는 스펄전에게 장 칼뱅의 《기독교 강요》 한 질을 선사했다. 수산나는 자신이 흠모하는 사람에게 설레는 마음으로 선물을 주면서도 영적인 긴장감을 잃지 않았다. 이미 스펄전을 한 남성으로가 아니라 뉴 파크 스트리트 교회를 부흥의 절정으로 이끌어가는 하나님의 도구로 생각했던 것이다. 후일 그녀는 선물을 보내던 그 시절을 회상하면서 다음과 같이 말했다.

나는 그때에 내가 사랑하는 그분이, 투쟁하는 한 영혼을 이끌어 천국으로 향하도록 도와주는 그 이상의 어떤 관심을 내게 가지고 있다고 생각하지 않았어요.

그 후 4개월여 동안 그들은 자주 만남을 가졌고, 8월 2일 마침내 스펄전은 수산나에게 사랑을 고백했다. 그 이듬해인 1855년 2월 1일 수산나는 사랑하고 흠모하던 스펄전의 집례로 세례를 받았다. 그 무렵 뉴 파크 스트리트 교회의 부흥 열기는 더욱 뜨거워졌다. 예배당을 증축하면서 스펄전의 사역도 더욱 분주해졌다. 이제 두 사람은 더 이상 결혼을 지체할 수 없었다. 1856년 1월 8일 스펄전과 수산나는 알렉산더 플레처Alexander Fletcher 목사의 주례로 뉴 파크 스트리트 교회당에서 결혼 예식을 거행했다. 교회 부흥의 열기를 따라 전해진 스펄전의 결혼 소식에 수많은 사람이 길거리 가득히 몰려들었다.

결혼 후 파리로 10일간의 신혼여행을 다녀오자마자, 스펄전의 사역은 다시 눈코 뜰새 없이 분주해졌다. 끊이지 않는 대중 집회와 초청 설교, 교회 설교와 심방, 그리고 저술과 각종 사역 등으로 가정에서 보낼 시간이 없었다. 스펄전은 자신이 신혼임을 잊어버리고 온통 사역에만 정신을 빼앗기고 있었다. 그러던 중 12월에 쌍둥이 아들 찰스와 제임스가 태어났다. 그로부터 10여 년간 수산나는 조용히 남편을 내조하며, 두 아들을 길렀다. 그러나 1866년부터 건강이 쇠약해졌고, 그러다가 1868년 33세의 나이로 자리에 눕게 되었다. 그녀는 16년 동안 병약한 상태로 지내면서 교회 출석조차 할 수 없었다. 그리고는 1884년 스펄전의 50회 생일을 맞이하여 드린 예배에 겨우 참석할 수 있었다.

아내가 병마와 싸우는 것을 지켜보아야 했던 스펄전은, 움직일 수조차 없을 만큼 큰 고통으로 요양하는 중에도 아내에게 변함없는 사랑의 마음을 전했다.

20년이 흘러갔소. 나의 마음은 당신 곁으로 날아가오. 나는 지금도 그때처럼 그대를 사랑하오. 다만 다른 것이 있다면 그때보다 몇 갑절로 당신을 더욱 사랑한다는 것이오. 나는 지금까지 힘을 다해 주님을 섬겨왔소. 그리고 그대의 달콤한 사랑의 동반자가 되는 일에도 이에 못지않게

열심이었다오! … 그대의 연인을 축복해주시오! … 편지

가 도착되기 전에 나는 떠날 것이오.

수산나는 병상에서도 '목회자들에게 책을 보내는 도서

기금' 사역을 추진했다. 그 사역을 시작하게 된 계기는 다

음과 같다. 수산나는 자신에게 들어온 5실링짜리 동전을

수년 동안 모았다. 극히 작은 금액이지만 언젠가는 유익하

게 쓸 것을 내다보면서 차곡차곡 모았던 것이다. 그러던 중

스펄전의 저서 《목회자 후보생들에게》 1권이 출판되었을

때 그녀는 제안했다. 그간 모은 동전으로 책 100권을 구입

해서 국내의 가난한 목회자들에게 보내자는 것이었다.

이에 스펄전은 감동하여 그 제안에 응했고, 국내의 가난

한 목회자들에게 지적인 양식을 공급하게 되었다. 그 사역

으로 인하여 수산나는 병상에서도 위로와 평안을 누릴 수

있었다. 그 후에도 도서기금 사역은 계속 이어졌다. 몇 년

이 지난 후 그녀는 《내 생애 10년》과 《10년 후에》라는 두

권의 책을 써서 그 운동의 전말을 상세하게 소개하였다. 그

녀는 스펄전 사후 11년을 유약한 몸으로 보내다가 1903년 1월 22일 천국에 입성하여 사랑하는 남편 곁으로 갔다.

한 세기를 불태운 '설교의 황태자'의 가정에 그런 십자가가 있었다니 믿어지지 않을 정도이다. 스펄전 역시 육신의 병마와 싸워야 했던 것을 생각하면, 그 가정생활은 가시밭길이었던 셈이다. 어쩌면 스펄전의 영혼이 그런 가시밭길을 걸으며 더욱 정결하게 다듬어졌는지 모른다. 그에게 주어졌던 '설교의 황태자'라는 왕관은 고난 중에 받은 영광의 면류관이었다.

메트로폴리탄 타버너클 성전 건축

스펄전은 서레이 뮤직홀 사고 이후에 이미 계획하고 있던 새로운 예배당 건축 계획을 가시화해나갔다. 그러면서 온 교회가 그 계획을 위해 본격적으로 기도할 것을 요청했다. 그 후 약 3년 동안 기도하고 준비한 끝에 1859년 마침내 역사적인 메트로폴리탄 타버너클 성전 건축을 시작했다. 뉴 파크 스트리트 교회의 새로운 성전 건축은 이미 타오른 부흥의 불길을 더욱 가속화하는 계기가 되었다. 성전 건축은 향후 30여 년간 영국 기독교 역사에서 가장 화려했던 찰스 스펄전 시대를 개막하는 신호탄이었다고 할 수 있다.

사실 스펄전의 뉴 파크 스트리트 교회 부임 후 2년째 되던 해부터 일부에서 새로운 교회를 건축해야 한다는 말이 나왔다. 폭발적으로 늘어난 청중을 수용할 길이 없었기 때문이었다. 하지만 스펄전은 그보다 훨씬 이전에 이미 새로운 성전 건축에 대한 비전을 갖고 있었다. 스펄전이 처음으로 그 비전을 갖게 된 것은 그가 런던에 부임하던 해인 1854년 11월, 브리스틀에서 조지 뮬러George Muller를 처음 만났을 때였다. 조지 뮬러가 기도로 고아원을 운영하는 것을 보고 자신 역시 기도로 성전을 건축해야겠다는 확신과 비전을 갖게 된 것이다. 그래서 스펄전은 런던에 돌아오자마자 교인들에게 "우리는 여기서 믿음의 능력을 맛보게 될 것입니다. 우리는 믿음의 고아원뿐만 아니라 믿음의 성전이 서는 것을 보게 될 것입니다"라고 말했다.

그 후 교회에서는 끊임없이 몰려오는 군중을 수용할 비상 대책을 몇 번이나 세웠으나 도무지 그들을 감당할 길이 없었다. 따라서 교회는 인원 수용을 위해서 좀 더 구체적이고 영구적인 대책을 세울 필요성을 느끼게 되었다. 그러다가 1856년 6월, 30명으로 구성된 건축위원회를 조직했다. 그와 동시에 스펄전은 성전 건축 계획을 가시화하면서 온 교회가 그 일을 위해서 기도하도록 요청했다. 하지만 모든 교인이 다 성전 건축을 지지하는 것은 아니었다. 일부에서

의문을 제기한 것은, 30년 전에 에드워드 어빙Edward Irving 목사가 거대한 성전을 지었으나 지금은 썰렁한 건물과 텅 빈 좌석만 남아 있는 현실을 보자는 것이었다. 30년 전에 장로교의 뛰어난 목회자였고, 군중의 지지를 독차지했던 어빙조차도 지금은 대중의 기억 속에서 사라져버린 교훈을 기억하자는 것이었다. 반대 의견을 가진 사람들은, 만약 뉴 파크 스트리트 교회가 큰 건물을 짓는다면 결국 어빙의 전철을 밟게 될 것이라고 주장했다.

여러 사람의 반대에도 불구하고 스펄전을 비롯한 일부 집사들과 온 교회는 건축을 위해서 기도하고 있었다. 하지만 일부 반대자들로 인하여 쉽게 건축을 진행할 수 없는 상황이었다. 반대자들은 어려운 재정 상황을 근거로 들고 나와 건축을 추진하는 데 발목을 잡았다. 심지어 건축위원회가 처음 모였을 때 반대자들과 한판 격돌이 일어나기도 했다. 그때 현장을 목격했던 로리머Lorimer는 다음과 같이 진술했다.

그날 건축위원회가 첫 번째 모였을 때 스펄전은 이렇게 말했다. "여러분 중에서 어떤 분은 성전 건축을 수행하는 데 있어서 의혹을 갖고 있다고 들었습니다. 만일 그렇다면 저쪽 문으로 나가서 거기서 머물러 계십시오"라고 외쳤다. 그 뒤의 모임에서도 그는 똑같은 외침을 되풀이했다. 그 말이 떨어지기가 무섭게 12명이 밖으로 나가버렸다. 그 모습을 보고 스펄전은 계속 외쳤다. "또 다른 분은 없습니까?" 그러자 3명이 다시 나갔다. 그래서 결국 7명과 함께 승리의 진군을 해나갔다.

그렇다고 반대자들의 주장이 단번에 꺾인 것은 아니었다. 스펄전은 적대자들에 의한 비난과 모함 때문에 말할 수 없는 정신적인 고통을 당해야 했다. 게다가 정작 교회 내부에서 담임목사에 대한 의혹과 불신을 끊어버리지 못했다. 결국 스펄전은 중대한 결단을 내리기에 이르렀다. 반대자들에게 최후의 통첩을 보낸 것이다.

"성전을 건축하시오. 그렇지 않으면 내가 사표를 내겠

소. 성전을 건립하든지 아니면 복음 전도자가 되든지 양자 택일이 있을 뿐입니다.”

스펄전은 예배드릴 자리가 없어서 복음을 듣지 못하고 돌아가는 수많은 영혼을 보고 더 이상 견딜 수 없었다. 상황을 살펴보면, 1856년 11월부터 1859년 12월까지 3년 이상 매 주일 평균 1만 명이 출석했다는 통계가 있다. 그 정도였으니 몰려든 최소한의 인원을 수용하는 데만 해도 세계에서 가장 큰 규모의 건물을 지어야 할 형편이었다.

하지만 문제는 성전 건축기금이었다. 그런 상황에서 1856년 6월 24일 스펄전의 22번째 생일 아침, 뜻하지 않은 선물이 도착했다. 무명의 성도가 성전 건축에 필요한 첫 번째 헌금자가 되기를 소원한다는 메시지와 함께 기부금을 보내온 것이다. 그 일에 용기를 얻은 스펄전은 하나님의 은혜가 임하기만 하면 자금은 전혀 문제될 것이 없다는 확신을 갖게 되었다. 그런 확신을 가지고 스펄전은 곧바로 성전 건축을 추진해가기로 결심했다. 막상 결심을 굳히고 나자, 헌금이 계속해서 답지했다. 따라서 9월 29일 건축위원회는 다시 모여서 구체적인 계획을 세웠다. 성전의 좌석은 5천 석으로 하기로 하고, 모든 경비는 약 1만 6천 파운드로 예산을 세웠다(실제로 들어간 경비는 3만 1천 파운드였다).

그렇게 새로운 성전 건축이 구체적으로 진행되어갈 무렵 서레이 뮤직홀 사건이 발생하였고, 그로 인하여 1857년 3월 23일까지 일체의 건축위원회 모임이 연기된 것이다. 스펄전은 사고로 인하여 치명적인 타격을 받았지만, 성전 건축을 포기할 수는 없었다. 그래서 그는 수중에 있는 헌금을 가지고 성전 부지를 확보하기로 마음먹었다.

그날부터 런던의 곳곳에 다니면서 거대한 성전 터로 가장 적합한 곳을 물색해나갔다. 그리고 가장 적합해 보이는 한 곳을 찾았다. 그곳은 뉴잉턴 버츠Newington Butts에 있는 공터로, 성 베드로 병원Saint Perer' Hospital의 옛 건물이 있던 장소였다.

스펄전은 그 공터를 둘러보면서 그곳이야말로 하나님께서 예비하신 터라고 확신했다. 더구나 과거에 침례교도들이 화형을 당한 곳이어서 순교자들의 피가 뿌려진 상징적인 곳이라는 점에서 더욱 마음이 끌리기도 했다.

하지만 성전 건축 부지에 대한 교인들의 견해는 서로 엇갈렸다. 각 사람의 입에서 켄싱턴Kensington, 할로웨이 Holloway, 클라팜Clapham 등이 오르내렸다. 그렇게 각 장소를 주장하면서 누구도 자신의 견해를 굽히지 않았다. 그러나 스펄전은 뉴잉턴 버츠를 계속해서 지지했다. 결국 12월 7일에는 남성 교인들이 모여서 부지 문제를 놓고 투표를 하게 되었다.

그날 투표를 놓고 스펄전을 열렬하게 따르던 여성 교인들은 각 가정에서 남성들을 설득하기 시작했다. 스펄전 역시 뉴잉턴이 순교 성지라는 점을 부각시켜서 남성들에게 지지를 당부했다. 그 결과 스펄전의 계획대로 뉴잉턴 버츠가 최종적인 성전 부지로 결정되었다. 스펄전의 강력한 리더십과 여성 교인들의 지지 그리고 하나님의 최종적인 결재로 인해 순교자들의 피가 뿌려진 성지聖地에 부지가 확정된 것이다.

그렇게 해서 성전 부지 구입 소식이 전해지자 각 곳에서 또다시 헌금이 쇄도하기 시작했다. 그 후 교회에서는 1858년 7월 회의를 통해서 새성전 건축에 대한 모든 것을 위원회에 일임하기로 결정했다. 그리고 회의에서 건축에 대한 모든 것을 만장일치로 결의하고, 교회 일지에 다음과 같이 기록했다.

1858년 7월 26일 월요일

교회에서 남성 교인들이 모여 다음과 같이 결의하다.

목사님께서 새로운 성전 건축에 대한 입장을 교회에 알리고, 또한 교회의 입장을 듣고 그 계획을 곧바로 추진해나가기 위해서 회의를 소집하게 되었다. 건축위원회에서는 건축을 일사불란하게 진행해나갈 것과 만약 목사님께서 자금을 모으는 데 필요하다고 생각하실 때는 격월로 강단을 떠나 외부 집회를 하셔도 된다는 것을 만장일치로 결의했다. 그 회의는 교회가 상호 형제를 사랑하고 연합하고 있다는 가장 명백한 단서였다.

뛰어난 목회 리더십과 설교 능력이 있었던 스펄전이었지만, 그의 목회가 처음부터 마지막까지 평탄한 것은 아니었다. 외부에서는 그를 모함하는 비난의 화살이 그치지 않았고, 내부에서는 일부 사람들의 반대가 끊이지 않았다. 건축위원회 모임 때의 격돌, 부지 선정을 위한 투표에서의 반대 등이 그 예이다. 하지만 결국 최종 교회 회의를 통해서 모두 한마음이 되었다. 불신과 반목으로 보이지 않게 대립했던 모든 반대자가 이제 마음을 합하여 복음의 선한 역사를 이루기로 화합한 것이다.

그날의 결정을 위해 스펄전은 4년 동안 기도의 골방에서 주님의 도움을 구했다. 그는 때로는 강력한 리더십으로 거세게 반발하는 반대자들을 다루고, 때로는 심령을 움직이는 애틋한 말로 그들의 감정에 호소하기도 했다. 어떤 때는 교회 밖의 대적자들보다 교회 내부의 반대자로 인해 더 심한 고충을 겪었다. 그럼에도 불구하고 스펄전은 인내하며 하나님의 때를 기다렸다. 그리고 마침내 인류 역사상 가장 거대한 성전 건축의 꿈을 실현하게 되었다.

새 성전 입당과 특별 집회

1861년 3월 31일은 메트로폴리탄 타버너클 성전을 개관하고 역사적인 입당 예배를 드리는 날이었다. 새 건물은 서레이 뮤직홀에서의 참사를 생각하면서 튼튼하게 건축했다. 본당 외에 두 개의 보조 건물이 있었으며, 각 건물마다 비상구로 통하는 계단들을 설치하여 위급한 때에 쉽게 빠져나갈 수 있게 했다.

그중 한 건물에는 목사, 장로, 집사를 위한 방이 있었고, 다른 건물에는 숙녀들을 위한 응접실과 성경을 비치하는 방이 있었다. 반지하실에는 성경학교 교실과 기도실이 있었으며, 각 구역 사무실이 강당의 측면에 배치되어 있었다. 본당 밑에는 커다란 강연장과 넓은 편의 시설, 그리고 부엌 시설이 갖추어져 있었다.

당시의 본당 구조와 예배 방식에서 오늘날과 다른 점이

몇 가지 있는데, 그것은 헌금함이 없는 것과(예배 시 헌금 순서도 없었다), 강대상이 없다는 것(둥근 연단이 앞쪽으로 돌출되어 있었다), 그리고 오르간과 성가대까지 없었다는 점이다. 특히 성가대를 세우지 않은 이유를 설명하면서 스펄전은 다음과 같이 말한 바 있다.

전체 회중의 지성적인 찬양을 4중주단의 극적인 아름다움이나, 성가대의 세련된 정묘함이나, 혹은 오르간의 바람통이나 파이프에서 바람을 방출해내는 것으로 바꾸어버리는 일이야말로 얼마나 품의를 떨어뜨리는 것인가! 우리가 기계와 같은 악기들을 통해서 찬양하는 것은 마치 기계류를 사용하여 기도하는 것과 같을 것이다.

그는 온 회중과 함께 하나님을 찬양하고자 했다. 곧 하나님께서 지으신 아름다운 목소리를 그분께 드리고 싶어 했던 것이다! 본당은 앉을 수 있는 3,600개의 좌석과, 입석 공간에 놓을 수 있는 보조 의자까지 합하여 6천 명 가량 수용할 수 있는 거대한 규모였다. 그러나 이렇게 웅장한 본당에서도 밀려오는 청중을 통제하기는 역부족이었다. 그래서 짜낸 아이디어가 바로 지정 좌석제였다. 즉, 정기적으로 예배에 참석하기를 원하는 사람에게 3개월씩 유료 지정 좌석권을 끊어주는 방식이다.

본당에 들어가려면 그 입장권을 제시해야 했으며, 이것을 가지지 않은 사람들은 예배 시작 5분 전까지 밖에서 기다리다가 입장이 허용되어야 들어갈 수 있었다. 이때 거둬들인 지정 좌석료는 교회의 주 수입원이 되었다. 그런 상황에서 스펄전 역시 설교문과 서적 판매로 모든 생활비를 충당했으며, 교회에서는 전혀 생활비를 받지 않았다.

2년 동안 힘겨운 성전 건축 과정에 마음을 모았던 온 교인이 새성전에 모여 입당 예배를 드렸다. 새성전은 기도의 결실이었기에 교인들은 기쁨을 감추지 못했다. 자리에 참석한 많은 사람이 지난 시간의 추억들을 생각하면서 감격의 눈물을 흘렸다. 스펄전 역시 기적이나 다름없는 성전 건축을 놓고 오로지 하나님께 감사드릴 뿐이었다. 그는 주의 성령의 역사와 부흥의 은혜를 사모하면서 설교 시간에 다음과 같이 말씀을 전했다.

하나님께서 성령의 불을 이곳에 내려주시도록 간구하십시오. 그러면 목사는 그의 주인에게 점점 더 몰입될 것이며, 여러분은 설교자를 개의치 않고 진리의 말씀을 더욱 생각하게 될 것입니다. … 하나님께서 성령의 불을 내려주시도록 간구합시다. 그러면 이웃의 가장 악한 죄인이 구원받을 것입니다. 불명예의 굴 속에서 사는 자들이 변화될 것입니다. 주정뱅이가 그의 잔을 깨뜨리고, 욕쟁이가 그의 불경함을 뉘우치며, 난봉꾼이 그의 음욕을 버릴 것입니다.

입당 예배 후 31년 동안 주일 평균 예배 인원은 5천 명이 넘었다. 이는 당시 세계 최고의 기록이라 할 수 있다. 교회가 성장한 기록을 살펴보자. 1855년 1월까지 313명이었던 예배 인원이 1856년에는 860명에 이르렀다. 그리고

1875년에는 4,417명으로 성장했고, 스펄전이 임종할 시기인 1892년에는 5,307명이 되었다. 스펄전의 전 목회 기간 중에 회심한 사람이 1만 4,700명, 세례를 받은 사람이 1만 4,460명, 서신을 통해 신자가 된 사람이 2,933명, 그리고 대중 앞에서 신앙을 고백한 사람이 947명이었으니 실로 경이적인 기록이다.

스펄전의 목회는 평생 동안 역동적으로 성장했다. 그리고 성장은 입당 후에 본격적으로 이어졌다. 수적인 성장뿐만 아니라 질적인 성장을 위해서 입당 후에는 각종 모임과 특별 집회를 계속 가졌다. 특히 저녁에는《칼뱅주의 강좌》를 개최하여 5대 교리 ― 무조건 선택, 전적 부패, 제한 속죄, 불가항력적인 은혜, 성도의 견인 ― 를 강의하면서 칼뱅주의 사상을 온 교인에게 심어주려고 노력했다.

입당 후에 여러 특별 집회가 열리면서 교회는 축제의 분위기로 가득했다. 월요일 저녁 중보기도 모임에는 천여 명이 모여들었다. 기도회는 그 어느 때보다 더 뜨겁고 긴장차게 진행되었다. 모임에 참석한 사람 모두가 '기도와 믿음의 결실로 이렇게 웅장하고 아름다운 새성전이 지어졌으니 이제는 더 큰일도 해낼 수 있다'는 자신감에 차 있었다. 그들은 스펄전의 비전대로 세계에 선교하는 교회가 되도록 기도했다. 동시에 교회가 더욱 큰 하나님의 일을 이룰 수 있도록 간구했다.

성도들이 드렸던 기도의 절정은 스펄전을 위한 기도에 있었다. 교인들은 스펄전이 하나님의 영광을 위해서 계속적으로 쓰임받도록 간절히 기도했다. 그들은 자신들의 담임목사가 더욱 큰 설교의 능력으로 목회할 수 있도록 간구했다. 특히, 건축기금을 위해서 건강을 돌보지 않고 밤낮으로 뛰어다녔던 스펄전에게 건강을 주시도록 기도했다. 그런 중보기도가 있었기에 스펄전은 거의 평생을 질병에 시달리고, 1년에도 수차례 요양의 시간을 가지면서도 38년간 변함없는 사랑을 받으면서 목회할 수 있었다.

4월 10일 수요일에는, 아마 오순절 이후 가장 거대한 규모였을 성찬식을 개최했다. 이때 성찬 설교에서 스펄전은 교회의 하나됨과 그리스도의 몸 안에서 누리는 참된 교제에 대해서 설명한 후에 감격적인 성찬식을 진행했다. 또 입당 한 달 후인 5월 6일에 77명이 세례를 받았다. 그날 세례 받은 교인들은 새성전에서 받는 첫 세례여서 남다른 감격이 넘쳤다. 수천 명이 지켜보는 가운데 엄숙하게 진행된 세례식은 평생 잊을 수 없는 감동의 시간이었다. 그날의 분위기를 들어보자.

그 첫 번째 세례식 예배의 관심도는 그야말로 압도적이었다. 젊은 설교자요, 회중의 우상이었던 스펄전 목사가 빛나는 자태로 물속에 있었다. 그리고 거기 좁은 통로에 수산나가 있었으며, 가장 매력적인 젊은 숙녀로서 장중한 위엄과 누구도 흉내낼 수 없는 얌전한 모습으로, 떨고 있는 자매들을 친절하게 인솔해나갔다. 그녀의 남편을 뒤따라서!

첫 세례 후에 그다음 달에는 121명, 또 그다음 달에는 72명이 세례를 받고 등록 교인이 되었다. 새성전 입당의 기쁨은 메트로폴리탄 타버너클 교인들만의 것이 아니었다. 당시 전 세계의 이목이 집중된 가운데 지어진 새성전이기에 모든 기독교인의 기쁨이기도 했다. 세계 곳곳의 신문에서 메트로폴리탄의 주일예배를 보도하면서 경이적인 부흥을 집중 취재했다. 다음은 그 내용 중 하나이다.

우리는 30분 먼저 도착했다. 수많은 군중이 이미 그곳에 가득 모여 있었다. 그곳에는 15개의 출입문 중 한 곳에서 입장을 거절하고 있었다. '입장권 소지자만 출입'이라는 팻말이 붙어 있었다. 입장권을 얻어야 출입이 가능한 것이다. 건물 안은 벌써 가득 차 있었다. 대형 괘종시계가 10시 55분을 가리킬 때 예배당 문이 열렸다. 기다리고 있던 군중이 밀려 들어가서 순식간에 모든 빈 공간을 가득 채워버렸다. 11시 정각이 되자, 한 평범한 사람에 불과한 스펄전이 입장하였다. 그 뒤를 따라서 약 12명의 집사들이 들어왔다. 스펄전이 기도하고, 이어서 우리 모두가 찬양한다. 얼마나 놀라운 광경인가! 성경이 봉독된다. 우리는 모두 또다시 노래한다. 그는 다시 기도한다(놀랍다). 그는 설교한다. 바로 그, 쩡쩡 울리는 음성으로 앵글로 색슨어를 구사하며 영혼을 사로잡는 말씀을 선포한다. 우리 모두 또다시 찬양한다. 마지막 기도가 끝나고 우리는 각자의 처소로 돌아간다.

각종 저술과 목회자 대학 설립

새성전 건립 이후에 쏟아져나온 새로운 사업들은 교인들에게 더욱 활기를 불어넣어 주었다. 스펄전이 개인적으로 이룬 수많은 일은 초자연적인 하나님의 도우심이 아니면 감히 상상할 수 없는 분량의 것이었다.

1891년까지 그는 1만 4,460명에게 세례를 베풀었다. 휴일과 아픈 때를 제외하고 평생 일주일에 세 차례 이상 설교했다. 하루에 평균 30명 이상을 상담하고, 월간지 〈검과 흙손The Sword and Trowel〉을 발행했으며, 총 135권의 단행본을 저술하여 1년에 평균 4권 이상을 출판했다. 3,353개의 각기 다른 주제의 설교문을 출판했으며, 1855년부터 사망할 때까지 일주일에 한 편의 설교를 출판했다.

그렇게 엄청난 일을 행하면서도 스펄전은 자기의 이름을 드러내거나, 명예를 탐하는 일을 철저히 경계했다. 언젠

가 스펄전은 주의 일을 행할 때 그분의 이름을 자랑하기보
다는 자기를 자랑하기에 혈안이 되어 있는 세태를 지적한
적이 있다. 그때 스펄전은 오로지 주님의 이름만을 높일 것
을 촉구하면서 목회자 후보생들에게 다음과 같이 말한 바
있다.

요즈음은 어떤 사람이 쥐 한 마리만 잡아도 신문에다 그
사실을 발표하는 세상이다. 삼손은 사자를 죽이고도 그
사실을 한마디도 언급하지 않았다. 그러나 성령께서 그의
겸손을 보시고 친히 그 사실을 자세하게 기록해주셨다.
하나님께서 당신을 위해서 행하신 일들을 많이 말하라.
그러나 당신이 하나님을 위해서 행한 것은 거의 말하지
마라. 아니 자기 자랑의 언사는 입 밖에 내지도 마라!

이와 관련하여 스펄전이 교회에서 진행한 출판 사업을
살펴보자. 교회의 집사들은 스펄전의 설교문을 매주 발간
해서 더 많은 사람에게 영적 유익을 제공할 것을 권했다.

하지만 스펄전은 지금까지 얻은 명성에다 더 이상 유명세를 타게 되면 감당할 수 없는 상황에 이르게 될 것을 우려하여 설교문 출판을 거절했다. 마치 그리스도의 이름보다 자신의 이름이 더 알려질 것을 우려해서 저술이나 설교 출판을 원치 않았던 휘트필드처럼!

그렇지만 주변의 많은 사람이 스펄전을 설득했다. 그리고 설교문 출판으로 인하여 더 많은 영혼을 구원할 수 있다는 설득으로 스펄전의 마음이 바뀌게 되었다. 결국 스펄전은 주간 설교문을 인쇄하도록 허락하였다. 그렇게 해서 발간된 주간 설교문 52개를 모아서 다음 해 1월에는 《뉴 파크 스트리트 강단The New Park Street Pulpit》이라는 제목의 단행본을 출판했다. 이 단행본 설교집이 나오기 전에는 《성자와 그의 구세주The Saint and His Saviour》를 출판했다. 그 책을 출판하고 나서 스펄전은 다음과 같이 소감을 말한 적이 있다.

나는 단지 의무감 때문에 이 작은 책을 완성한 것이 아니다. 무려 2년 이상이나 걸려서 저작했다. 때때로 내 작품이 가져다주는 즐거움이 너무나 커서, 10배 이상의 고통스러운 작업이 아니라면 결단코 저술 활동을 중단하지 않을 것이라는 생각에 심취한 적이 있다. 더욱이 나는 삶을 통해서 하나님을 섬길 뿐만 아니라, 나의 붓으로도 하나님을 섬기는 것이 내게 큰 기쁨이 될 것이라는 소망을 갖고 있다.

스펄전이 그렇게 많은 단행본을 저술할 수 있었던 것은 어렸을 때부터 가졌던 출판에 관한 열정 때문이라고 보여진다. 12살 때 스펄전은 벌써 〈아동잡지〉라는 것을 만들어서 주위 사람에게 돌려 읽도록 했다. 또한 15살 때에는 백일장에 295쪽에 달하는 '정체를 벗긴 로마 가톨릭'이라는 제목의 에세이를 제출해서 상금을 받을 정도였다.

스펄전은 누구보다도 글 쓰는 일을 즐겼다. 어렸을 때부터 스펄전이 가졌던 출판에 대한 남다른 비전을 이해한다면 왕성한 저술 및 출판 작업이 자연스러운 결과임을 알 수 있다. 여러 작품 중에서 스펄전이 거의 일생 동안 노력을 쏟아부은 작품이 바로《다윗의 보고The Treasury of David》이다. 이는 시편을 강해한 7권의 전집으로서, 스펄전이 24년 동안 런던 대영박물관을 들락거리며 자료를 수집하여 저술한 일생의 역작이라 할 수 있다.

그 작품에 대해서 조베트J. B. Jowett는 "칼뱅과 루터와 바울의 찬란한 작품들에 뒤이어 진열해놓아도 전혀 손색없는" 작품이라고 극찬했다. 이 역작은 스펄전이 생애를 마칠 때까지의 판매량만 해도 12만 부가 되었다. 미국에서 또한 초판을 거쳐 곧바로 재판되었으며, 심지어 독일어로 번역될 정도로 세계 각국에서 큰 호응을 받았다. 그치지 않는 초청 설교, 각종 목회 업무 등을 수행하면서도 뛰어난 작품들을 내놓은 것을 보면, 그는 진정 뛰어난 저술가였다.

스펄전의 성경 신학적 안목을 알 수 있는 주목할 만한 책으로《주해와 주석》을 들 수 있다. 그는 이 작품을 쓰면서 다음과 같이 말했다. "나는 무던히 애쓰면서 많은 책을 읽었고, 3~4천 권 정도의 책을 검토해보았다." 그 많은 책

중에서 1,437권의 책에 대해서 자신의 견해를 밝혀놓았으
니 그는 빼어난 신학자요, 독서가라 할 수 있다. 글 쓰는 능
력이 남달랐던 스펄전에게도 저술 작업은 쉬운 일이 아니
었다. 그것이 스펄전에게 얼마나 힘든 일이었는지 다음과
같이 고백한 적이 있다.

글을 쓰는 것은 나에게 정말 고단한 일이지만, 필요한 어
느 순간에 내 마음에 섬광처럼 번뜩이는 생각들을 말로
전달하는 것은 형언할 수 없는 희열이요, 기쁨이요, 즐거
움입니다. 그러나 조용히 앉아서 떠오르지도 않는 생각들
과 단어들을 찾으며 신음하는 일은 정말 고되고 견디기
어려운 일입니다. 그러기에 한 사람이 여러 권의 책을 저
술했다면 그것들을 '작품들'이라고 부르는 것은 정말 당
연합니다.

그 후에도 여러 책이 출판되었고, 경이적인 판매 기록
을 세웠다. 예를 들면, 경건 서적인 《아침마다Morning by

Morning》와 《저녁마다Evening by Evening》는 스펄전이 죽을
때까지 23만 권이나 팔렸다. 또 《존 플라우먼의 이야기John
Ploughman's Talk》와 《존 플라우먼의 그림들John Ploughman'
s Pictures》은 1900년까지 두 권 합하여 55만 부 이상이 팔
릴 정도였다.

메트로폴리탄 사역이 확장되면서 고아원도 건립되었
다. 고아원 건립은 〈검과 흙손〉의 독자인 힐야드 부인의 기
부금으로 이루어졌다. 고아원 건립이 이루어진 것은 전적
으로 기도의 응답이었다. 스펄전의 부인 수산나는 고아원
건립을 위한 첫 기부금이 마련된 것을 보고 이렇게 말했다.

자, 이제 새 일이 주어졌습니다. 그리고 이 일을 시작할 수
있는 돈까지도 주어졌습니다. 우리가 월요일 저녁에 간청
했던 기도의 응답으로 하나님께서 보내신 사역입니다. 틀
림없이 고아원은 기도로 말미암아 탄생된 것입니다.

이 무렵 목회자 대학도 설립되었는데, 스펄전이 목회자

대학 설립을 결심하게 된 계기가 있었다. 한번은 거리에서 설교하던 몇몇 열성적인 젊은이들이 찾아왔다. 그들 중 허스트T. W. Medhurst라는 청년이 스펄전에게 이렇게 말했다. "실은 제가 거리 설교를 위해서 한 번도 훈련받은 적이 없습니다." 그 후 한참이 지나서 다시 그를 만났을 때 "목사님, 저는 설교해야 합니다. 제가 목이 달아나지 않는 한 설교할 것입니다"라고 말하는 것이었다.

스펄전은 이 일을 계기로 목회를 준비하고자 하는 사람들을 위해서 목회자 대학을 설립해야겠다는 결심을 굳히게 되었다. 1856년에 목회자 대학이 설립되었으며, 첫해에는 여덟 명의 학생이 로저스의 집에서 합숙하면서 본격적인 수업을 받았다. 물론 모든 재정은 스펄전의 설교문이나 책 판매 수익금으로 충당했다.

하지만 고아원과 마찬가지로 목회자 대학 운영에도 재정적인 어려움이 계속 뒤따랐다. 한때 재정 상태가 너무나 힘들어지자 스펄전은 말과 마차를 팔겠다고까지 했으나 로저스의 만류로 무산되기도 했다. 그러고 나서 로저스는 학생들과 함께 기도했다. 그러자 곧 이름을 밝히지 않은 기부자들이 나타남으로써 로저스와 학생들은 더욱 큰 확신과 믿음을 갖게 되었다. 재정적 어려움을 기도와 믿음으로 잘 극복해가며, 학교 운영은 점점 자리를 잡아갔다.

스펄전이 임종할 때까지 목회자 대학 졸업생은 무려 900명이나 되었다. 청교도 칼뱅주의를 신학 배경으로 한 이들의 졸업 후 활동 역시 괄목할 만했다. 1880년까지 12년 동안 세례를 베푼 사람이 3만 9천 명이었으며, 그중에서 클라크Clarke나 스미스Smith 같은 사람은 한 해에 1,100번의 예배를 인도할 만큼 큰 부흥을 이루기도 했다. 그들은 스펄전이 요양 차 6주 동안 강단을 비울 때 교회의 업무를 맡았으며, 400명 이상이 구원받도록 도왔다.

스펄전의 50주년 생일 축하 예배 때 로드 셰프츠베리Lord Shaftesbury는 스펄전의 대외적인 사업 중 가장 빛나는 일로서 '목회자 대학 설립'을 꼽기도 했다.

5장

강력한 리더십과 부드러운 카리스마

성전 보수공사와 사표 제출

새성전에서 사역을 시작한 지 6년이 지나면서 내부의 색깔이 변하여 미관상 좋지 않게 되었다. 실내 조명을 위해 설치한 가스 램프의 연료가 완전히 연소되지 않아서 내부 곳곳에 얼룩이 생긴 것이다. 게다가 매일 아침 7시부터 밤 11시까지 건물을 개방하여 수많은 사람이 출입하도록 했기 때문에 건물 곳곳이 빨리 낡았다.

스펄전은 빛바랜 성전 내부와 기타 수리가 필요한 곳을 볼 때마다 주님께 최상의 것을 드리고 싶은 마음을 져버릴 수 없었다. 그는 이 일을 위해서 기도하고, 보수 공사를 강행하기로 마음먹었다. 물론 반대하는 사람도 없지 않았다. 더구나 보수 공사 기간 동안에 예배 처소를 마련하는 것도 큰 문제 중의 하나였다. 하지만 스펄전은 런던 북부에 위치한 농업회관The Agricultural Hall을 마음에 두고 있었다.

스펄전이 그 계획을 발표하자 역시 많은 사람이 반대했다. 그 이유는 농업회관이 현재의 교회로부터 너무 멀기 때문에 교회 주변의 사람들이 그곳까지 가기가 무리라는 것이었다. 또 다른 이유는 그곳은 거대한 인원을 수용하기 위한 음향시설이 전혀 되어 있지 않다는 것이었다. 그런 반대와 우려에도 불구하고 스펄전은 공사의 시작과 함께 임시 예배처를 확정 발표했다.

일부 사람들이 수군거리고 우려를 표명하기도 했지만 스펄전의 지시하에 모든 일은 계획대로 진행되었다. 그렇게 해서 1867년에 성전 보수를 위한 공사가 한 달 동안 진행되었다. 그 기간 동안 임시 예배처에서 모였는데 사람들의 예상은 완전히 빗나가고 말았다. 건물 내에 마련된 1만 5천 석이 가득 차버렸고, 5천 명의 입석자까지 합해서 2만 명 이상의 사람이 몰려들었기 때문이다.

메트로폴리탄 타버너클 교회에 출석하지 않는 사람들까지 스펄전의 설교를 듣기 위해 북부 지역 곳곳에서 찾아온 것이었다. 그러나 음향시설 때문에 우려했던 것과는 달리 참석한 사람 중에서 소리가 들리지 않는다고 불평하는 사람은 아무도 없었다.

스펄전은 이번에도 일을 추진하는 데 있어서, 믿음과 기도로 강력한 목회 리더십을 발휘했다. 그리고 많은 사람의 예상을 뒤엎고 놀라운 결실을 거두게 되었다. 그는 기도하면서 믿음으로 계획한 일은 어떤 반대와 난관에 부딪혀도 결코 양보하는 법이 없었다. 일을 추진하는 데 있어서 강력한 리더십을 발휘하는 한편, 양들을 돌보는 일에 있어서는 주님과 같은 온유함과 자상함을 잃지 않았다.

무슨 일이든 한번 시작하면 믿음과 기도로 추진력을 발휘했던 것은 스펄전의 가장 큰 강점이었다. 만약 스펄전이 그런 강력한 리더십을 발휘하지 않았다면 생애 동안 그렇게 많은 사역을 해내지 못했을 것이다. 그런 리더십을 발휘했던 스펄전의 기질은 건강상의 이유로 종종 강단을 비울 때에도 여전히 나타났다. 43살 이후 그는 통풍으로 인한 고통을 더욱 심하게 느꼈다. 그렇기 때문에 스펄전은 종종 가을부터 겨울까지 약 3개월 동안 프랑스의 망통으로 요양을 떠나야만 했다. 6주 이상 강단을 비우지 않는다는 목회 원칙에도 불구하고 어쩔 수 없이 그 이상을 비웠으며, 길고 짧은 휴가가 모두 20여 차례나 되었다.

원래 스펄전은 어떤 경우에라도 녹초가 되지 않는 상태라면 더 많은 일을 해야 한다는 입장을 갖고 있었다. 그렇기 때문에 모든 휴식은 사역하는 중에 틈틈이 이루어져야 한다고 생각하고 있던 터였다. 그러한 입장을 갖고 있었기 때문에 수차례 강단을 비우게 되자 좌절과 절망감으로 고통스러워했고, 마침내 사표를 제출했다. 하지만 스펄전의 사표를 교인들이 받아들일 리 만무했다. 한 직원이 스펄전에게 이렇게 말했다.

우리는 다른 어떤 목사님을 12개월간 모시는 것보다 단 한 달만이라도 목사님을 모시기 원합니다.

결국 스펄전의 사표 제출은 온 교인의 만류에 의해서 반려되었다. 스펄전 역시 기쁨으로 이를 수락함으로써 담임

목사직을 계속 수행했다. 더구나 스펄전이 강단을 비운 사이에는 그의 동생인 제임스가 협동목사로서 능력 있는 말씀을 전해주었다. 장로들 역시 성경 공부, 새신자 교육, 방문자 안내, 상담, 심방 등의 일들을 자발적으로 수행해주었고, 집사들도 모든 재정을 잘 감당해주었다. 따라서 스펄전이 그렇게 빈번하게 휴가를 가졌어도 교회 경영에는 전혀 어려움이 따르지 않았다. 메트로폴리탄 타버너클 교회는 이미 한 사람의 지도자에 의해 그 경영이 좌지우지될 만큼 어린 교회가 아니었다.

빗발치는 비난의 화살들

스펄전이 38년 동안 사역하는 중에 항상 승승장구하여 승리의 개가만 부른 것은 아니었다. 때로는 모든 사재를 털어도 해결되지 않는 재정난 때문에 고통을 당해야 했다. 어떤 때는 칼로 살을 도려내는 듯한 통풍의 고통과 싸워야 했다. 스펄전이 이룬 놀라운 부흥의 은혜와 영광 뒤에는 남들이 알지 못하는 그런 고통의 순간들이 많이 있었다. 더구나 사방에서 날아든 비난과 공격의 화살들로 인하여 많은 상처를 받았다. 그런 상처로 인해 절망에 빠진 적도 많았다. 그런 비난과 모함은 스펄전의 마음과 영혼을 갈기갈기 찢어 놓았다.

하지만 그런 심한 상처 가운데서도 스펄전은 그리스도를 향한 마음을 한 번도 져버린 적이 없었다. 그는 슬플 때나 기쁠 때나 괴로울 때에 오직 그리스도를 바라봄으로 다시 일어설 수 있었다. 절망의 순간에는 기도했고, 고통의 순간에는 십자가를 바라보았다. 마음의 상처가 있을 때에는 치료자이신 주님께 나아갔다. 그때마다 주께서 기적적으로 응답해주셨다. 주님께서는 자애로운 손으로 그를 붙잡아주셨으며, 모든 아픔을 싸매주셨다. 그런 은혜가 없었다면 어떤 경우에도 스펄전은 영광스러운 목회의 고지를 정복할 수 없었을 것이다!

스펄전을 향한 매스컴의 공격은 그가 런던에 오던 해부터 시작해서 줄기차게 이어졌다. 다음은 1854년 12월 〈흙으로 만든 그릇The Earthen Vessel〉에 실린 찰스 워터스 뱅크스 목사Rev. Charles Waters Banks의 글이다.

런던 시내에서 스펄전처럼 그렇게 많은 청중을 모으는 데 성공한 목사는 아무도 없었다. 그렇다 해도 나는 중대한 질문을 하고 싶다. 그는 지금 무엇을 하고 있으며, 누구의 종인가? 그에게 그리스도를 높이며, 진리를 표명하며, 죄인을 개종시키며, 교인들을 목양하며, 영혼을 구원하는 목회의 증거가 있는가? 이것이 바로 우리가 알고 있는 많은 것과 함께 문제가 되는 것이다.

뱅크스 목사는 스펄전의 영적 체험과 그의 설교를 들었던 사람들의 간증을 사례로 들면서 스펄전의 목회에 문제점을 제기했다. 그렇게 스펄전을 비난하는 글이 공개적으로 잡지에 실리고 나서 한 달 후 1855년 1월에는 같은 잡지에 '욥Job'이라는 필명으로 된 기사가 게재되었다. 물론 스펄전은 그 사람이 제임스 웰스 목사Rev. James Wells라는 것을 알고 있었다.

스펄전은 말재주가 뛰어나고, 독서도 많이 한 사람이다. 또한 그는 웅변에 탁월하고 손동작은 옛 희랍의 연극인들이 연기하는 것과 같다. … 스펄전의 목회에 대해서 나는 다음과 같은 점들을 지적하고 싶다. 첫째, 스펄전은 성령의 사역을 전적으로 무시하는 사기꾼이다. … 둘째, 그는 약간의 진실을 말하기는 하지만 … 많은 사람을 혼란 가운데로 이끌 것이다. 셋째, 웅변에 뛰어난 스펄전의 설교를 듣는 사람들은 도덕적으로나 사회적으로 이득을 얻게 될지 모르지만 … 그들은 곧바로 돌이킬 수 없는 궁지에 빠지게 될 것이다.

이런 종류의 비난과 모함은 마치 기다렸다는 듯이 봇물이 터지듯 쏟아져나오기 시작했다. 어떤 신문에서는 스펄전을 독선과 아집에 찬 사람이라고 몰아부쳤고, 또 어떤 잡지에서는 속임수에 능한 사람이요, 불경스러운 사람이라고 비난했다. 또 다른 언론에서는 그가 서커스장에나 어울리는 사람이라고 했다. 한 신문에서는 스펄전이 신성 모독을 자행하고 있다고까지 비아냥거렸다. 이렇게 쏟아지는 언론의 맹공격과 함께 떠도는 소문도 있었다. 그것은 스펄전이 대학에서 훈련받지 않은 가짜 목사이며, 목사 안수를 받지 않은 불법 목사라는 것이었다.

당시에 침례교회나 국교회에서는 제도적으로 성직 수여식(일명, 목사 안수식Ordination)이 있었다. 하지만 스펄전은 그것이 성경적인 의식이라고 믿지 않았다. 성직이란 하나님께서 특별한 소명을 가진 자에게 부여하신 거룩한 직분이며, 사람들이 그 정당성을 위해 따로 수여식을 가질 필요가 없다고 생각했다. 당시 일부 교회에서는 공식적으로 성직 수여식을 갖지 않은 사람이라도 성직에 합당한 자질이 있을 때는 '목사pastor'라는 직분으로 교회를 섬기도록 한 전통이 있었다. 그런 전통에 의해서 스펄전은 워터비치 교회에서도 정식으로 목사직을 수행했다. 뉴 파크 스트리트 교회에서도 그런 전통에 따라서 스펄전의 목사 안수식을 문제 삼지 않고 정식 목사로 청빙했다.

하지만 스펄전의 성직 수여 문제가 거론되자 교회에서는 그런 풍문을 잠재우기 위해서 정식으로 목사 안수식을 갖자고 제안했다. 그 제안에 대해서 스펄전은 처음에는 정중하게 거절했다. 하지만 나중에는 교회가 원한다면 상호 덕을 세우기 위해서 안수식을 갖자고 입장을 바꾸었다. 그러다가 런던에서 목회가 더욱 놀랍게 확장되면서 모든 헛소문은 잠잠해졌다. 그러나 모든 비난과 모함의 화살까지 그친 것은 아니었다. 이제는 거의 모든 언론에서 노골적으로 스펄전을 비난하기 시작했다. 심지어 언론에서는 입에 담지 못할 독설로 앞을 다투어 '스펄전 죽이기'에 나섰다. 예를 들어 〈램버스 가제트The Lambeth Gazette〉는 다음과 같은 기사를 실었다.

젊은 숙녀들이 그에게 현혹되어 날뛰고 있다. 그는 저속한 소녀들로부터 슬리퍼를 너무 많이 받아서 신발가게를 차려도 될 지경이다.

각종 매스컴에서 이런 식으로 보도해대니 런던과 영국 전역에서 큰 파문이 일기 시작했다. 그 무렵 스펄전은 아버지에게 다음과 같이 편지를 보냈다.

던버로드 75번지, 1855년 3월 4일

사랑하는 아버지께.

이번 주 〈입스위치 익스프레스Ipswich Express〉에 게재

되었던 중상모략에 대해서 너무 상심하지 마십시오. 물론 모든 것은 일고의 가치가 없는 새빨간 거짓말입니다. 지금 전던 전역에서 저에 대해 말하고 있지만 교회에서는 수천의 사람들이 입구에도 들어오지 못할 정도입니다. … 지난밤에는 한숨도 잠을 이루지 못했습니다만 이제는 주님께서 저에게 한없는 기쁨을 주시는군요. 따라서 저는 어떤 비난도 달게 받으며, 제아무리 큰 수치를 당해도 그것을 환영할 것입니다. 아버지, 어머니 사랑합니다. 조금도 염려하지 마십시오. 4월 16일에 집에 갈까 합니다.

당신의 사랑하는 아들 찰스 드림

각 언론사에서는 연일 스펄전을 비난하는 기사를 톱에 올리며 여론을 조작해나갔다. 하지만 스펄전에 대한 좋지 않은 여론이 빗발칠수록 교인들은 더욱 늘어났다. 스펄전 역시 어떤 중상모략의 소리를 들어도 능히 감당할 준비가 되어 있었고, 그의 아내는 담담한 마음으로 모든 비난의 기사를 차례대로 스크랩했다. 그 자료가 나중에 한 권의 책

분량이 될 정도였으니 무수한 비난과 중상모략의 기사가 얼마나 많았었는지 입증해준다.

　스펄전을 비난하는 기사는 그다음 해까지 계속되었다. 그런 식으로 스펄전을 비난하고 모함하는 데 앞장섰던 언론은 〈브리스틀 광고지The Bristol Advertiser〉, 〈세례보고서 The Baptist Report〉, 〈연합장로교 잡지The United Presbyteritan Magazine〉, 〈비평The Critic〉, 〈크리스천 뉴스The Christian News〉 등이었다. 영국 전역의 언론에서 대대적인 공격을 가해왔지만 스펄전은 자신이 그리스도의 종이기에 어떤 희생이라도 감수해야 한다고 생각했다. 그리스도를 위해서라면 명예까지도 희생시킬 수 있다는 것이 스펄전의 기본적인 신앙이었다. 그는 자신의 결심을 이렇게 표현했다.

내가 그것을 잃어야 한다면 차라리 그것을 버리겠다. 내가 가장 사랑하는 것이라도 버릴 것이다. 그들이 나의 주님에게 했던 것처럼, 내가 미쳤고 사단에 사로잡혀 있다고 모함한다 하더라도.

스펄전의 신앙과 확신은 분명했다. 그리스도를 위해 어떤 비난과 모함도 감수하리라는 확신은 모든 상처를 능히 극복할 수 있게 해주었다. 더구나 그런 상처로 인하여 가슴 아파하고 있을 때 수산나의 지혜로운 내조는 그에게 큰 힘이 되었다. 그녀는 거세게 닥쳐오는 비난들을 물리치고 승리하기 위해 성경구절을 액자로 만들어서 벽에 걸었다. 그리고는 매일 가정예배 때마다 그 말씀을 읽고 묵상함으로써 성령의 위로를 받고 용기를 얻었다.

나로 말미암아 너희를 욕하고 박해하고 거짓으로 너희를 거슬러 모든 악한 말을 할 때에는 너희에게 복이 있나니 기뻐하고 즐거워하라 하늘에서 너희의 상이 큼이라 너희 전에 있던 선지자들도 이같이 박해하였느니라(마 5:11~12).

한편 상상할 수 없는 비난과 모함으로 스펄전이 공격을 받자 정의감이 투철한 어느 독자가 신문에 반박문을 냈다.

편집자 귀하. … 스펄전 목사는 새로운 영역을 창조하고 있습니다. 좀 더 정확하게 하자면, 그는 찬란하게 복음 사역을 감당했던 번연Bunyan이나 웨슬리Wesley, 그리고 휘트필드Whitefield 등의 스타일을 재현하고 있다는 말입니다. 그의 열정적인 웅변력은 청중의 마음을 감동시키며, 그를 추종하는 사람들로부터 갈채를 받고 있으면서도, 항상 모든 영광을 하나님께 돌리고 있습니다. 스펄전이 그렇게 사도들처럼 사역하고 있는데, 누가 그보다 더 이상의 고귀한 지도자가 될 수 있단 말입니까? 지금 스펄전의 강단이 몇몇 지식인들의 말장난에 의해서 너무나 매도되고 있습니다.

스펄전에 대한 중상모략은 점점 더 심해졌지만 이렇게 호의적인 사람들과 언론들도 있었다. 대부분의 언론에서는 스펄전에 대한 신랄한 공격과 중상모략을 하는 데 앞다투었으나 일부에서는 그를 적극적으로 변호하고 나섰다. 1856년 2월 23일 〈웨스턴 타임스The Western Times〉에서도 다음과 같이 스펄전을 극찬했다.

요즈음 우리나라 기독교계의 침례교파에서 타의 추종을 불허할, 비범한 자질을 지닌 설교자가 활동하고 있다는 것은 주목할 만한 사실이다. 이미 런던에서 걸출한 위인들 곧, 캐리 박사Dr. Carey, 길 박사Dr. Gill, 리폰 박사Dr. Rippon 등이 뛰어난 자질을 보이며 설교한 바 있으나 … 스펄전 목사는 브리스틀에서 짧은 시간에 엄청난 바람을 일으킨 영적 거장이다. 그는 가는 곳마다 거대한 군중을 열광시키는 뛰어난 설교자이다. 심지어 글래스고Glasgow와 스코틀랜드Scotland의 다른 여러 지역에서도 이 젊은 설교자는 영원한 복음의 진리로 거대한 군중의 마음에 불을 지피는 경이적인 결과를 이뤄냈다.

이런 반박이 이어지면서 스펄전에 대한 언론의 공격은 점점 힘을 잃어갔다. 더욱이 언론의 공격과 비난 가운데 교회 부흥의 열기도 크게 달아오르면서 스펄전의 인기는 세

익스피어를 능가할 정도가 되었다. 교회에 몰려든 인파 역시 휘트필드 이후 한 세기 만에 처음 있는 경이적인 기록을 세웠다. 그 후 스펄전의 사역은 미국까지 널리 소문이 났다. 여러 기독교 단체에서 스펄전을 초청하여 설교를 들으려는 움직임이 뜨겁게 일어나 초청장을 보냈다.

우리 모두는 목사님의 설교를 몹시 듣고 싶습니다. 우리의 초청에 응해주신다면 목사님의 설교 1회분에 3천 달러씩 드리겠습니다.

스펄전은 초청장을 받고 기쁨으로 출국을 준비했으나 결국 뜻을 이루지 못했다. 설교하는 대가로 돈을 주겠다는 조건은 돈 욕심으로 출국하려 한다는 오해를 불러일으킬 수도 있고, 자신도 그런 조건을 불쾌하게 생각했다. 게다가 미국을 방문하게 되면 집필을 중단해야 하는 어려움도 따랐다. 여러 이유 때문에 스펄전의 미국 방문 계획은 더 이상 진전되지 못했다.

천국의 새벽을 그리며

1859년 무신론에 입각한 다윈의 진화론이 발표되자 지성
계에서는 환호했지만 기독교계는 큰 타격을 입게 되었다.
창조론을 부인하며 생명체가 진화의 과정을 통해서 생겨
났다는 주장이 많은 젊은이의 관심을 모았다. 그런 학계의
흐름은 조지 휘트필드 이후 100년 만에 다시 일어난 부흥
의 불길에 찬물을 끼얹는 것이었다.

그 무렵에 기독교계에서는 성경을 이성의 잣대로 재평
가하는 고등비평이라는 신학적 방법론까지 제기되어 교
회를 위협했다. 스펄전의 영향으로 영적 각성이 일어나고,
부흥의 불길이 훨훨 타오르고 있을 무렵 무신론에 입각한
진화론과 인본주의 사고의 열매로 등장한 고등비평이 수
많은 젊은이를 현혹했다. 교회 내에서도 지성인들은 성경
의 기적들을 합리적으로 다시 해석해야 한다는 주장을 제

기하기도 했다. 심지어 목회자들까지도 그런 신학적 입장에 동조하고 나섰다. 유럽 곳곳에서도 그런 식으로 성경의 가르침에 정면으로 도전하면서 하나님을 대적하는 일들이 일어나기 시작했다.

1880년대에 이르러서는 스펄전이 속한 침례교단도 그런 문제에 휘말리게 되었다. 하지만 스펄전은 성경이 성령의 감동으로 기록되었다는 주장을 굽히지 않았다. 여기저기에서 복음주의 신학을 위협하는 주장이 제기되자 스펄전은 영국 침례교단에서 신학적 입장을 정리할 필요성을 느끼고 총회 소집을 요청했다.

스펄전은 인본주의에 의해 신학이 흔들리는 위험을 막기 위해서 최선을 다했다. 그러나 총회에서는 스펄전의 입장이 부결되고 말았다. 그는 한동안 고심하다가 1887년 10월 영국 침례교단을 탈퇴하기로 결정했다. 그러나 스펄전은 다른 사람에게 교단 탈퇴를 강요한다거나, 다른 조직을 만들지는 않았다. 오직 복음을 전파하며 칼뱅주의 노선과 청교도 신앙을 지켜가려고 다짐할 뿐이었다.

　이런 스펄전의 입장에도 불구하고 그의 교단 탈퇴는 오랫동안 논란거리가 되었다. 영국 언론은 그의 교단 탈퇴를 두고 "쥐 한 마리를 잡으려고 큰 집을 한꺼번에 다 태워버리는 불장난"이라고 비난했다. 심지어 미국 언론에서도 스펄전의 행동을 가볍게 평가할 수 없다고 보도했다. 그 무렵 스펄전이 정신적으로 얼마나 고통스러워했는지 동생 제임스에게 보낸 편지를 통해 알 수 있다.

　나는 지금 극도로 착잡함과 불안함 가운데 있다. 몸도 마음도 약해져서 설교조차 감당하기 힘들다. 그러니 네가 와서 몇 주간 동안 밤예배 설교만 맡아줬으면 좋겠다. 나에겐 힘과 위로와 격려가 필요하다. 너의 설교를 듣고서라도 희망을 가질 수 있었으면 하는 간절한 바람이니, 좋은 소식을 다오.

　그러나 스펄전의 용기에 찬사를 보내는 사람들도 많았다. 끝까지 복음주의를 지키려는 그의 용기 있는 결단에 박

수를 보내기도 했다. 그런 격려자들에게 스펄전은 이런 답
장을 보냈다.

나는 매우 잘못된 성경관에 의하여 교회가 바로 서지 못
하게 된 것을 똑똑히 보았습니다. 그리고 하나님의 말씀
과는 동떨어진 사이비 설교가 강단에서 공공연히 선포되
는 모습을 수없이 목격했습니다. 이런 일은 분명히 교회
의 파탄을 불러일으키는 행위에 지나지 않습니다. 그래서
나는 개별적인 용단을 내릴 수밖에 없었던 것이지요. 그
런데도 반대자들은 나를 교회의 혼란자로 몰아붙이고, 진
리를 매도하는 자라는 잔인한 비난까지 해대고 있습니다.

이런 일이 있은 후 런던을 비롯한 여러 지역에서 설교
초청이 쇄도했다. 스펄전은 건강이 좋지 않았지만 구원의
복음과 복음주의 신앙을 바로 가르치려는 열정으로 초청
을 거절하지 않았다. 그러나 초청 설교가 계속되는 가운데
건강이 극도로 쇠약해졌다. 그러다가 1888년 7월에는 다

시 자리에 눕고 말았다. 12월에는 요양을 위해서 프랑스 망통으로 향했으나 낙상하여 이빨이 두 개나 빠질 정도로 큰 곤란을 겪었다. 그 후 병고가 더 깊어졌다. 거의 자리에 누워 지내는데도 회복의 기미가 보이지 않았다. 몇 달 후에는 합병증이 생겨 천연두를 앓고, 통풍도 더 심해졌다. 오랫동안 병고와 싸우면서도 스펄전은 교회를 잊을 수 없었다. 어느 날 그는 성도들에게 다음과 같은 편지를 남겼다.

사랑하는 형제들이여, 마지막으로 여러분에게 설교하고 떠나온 이래 건강 상태가 회복될 기미가 보이지 않습니다. 육체의 고통에 시달리다 보니 나의 영혼까지도 절망감에 사로잡힐 정도입니다. 오직 하나님만이 이 고통을 아실 것입니다. 이런 고통 가운데서 나는 희망을 잃지 않으려고 이처럼 침상에 엎드려서 이 편지를 쓰고 있습니다. 이렇게 고통스러운 나날을 보내고 있지만 나의 마음은 언제나 교회와 여러분에게 있습니다. 지금도 여러분을 위해서 기도하고 있습니다.

이런 편지를 받고 온 성도가 눈물을 흘렸다. 성도들의 간절한 기도와 주의 자비를 힘입어 몇 달 동안 휴식을 취하자 스펄전의 병세가 호전되었다. 그가 다시 교회로 돌아왔을 때 온 교회가 눈물로 환영했고, 스펄전 자신도 눈물을 뿌리며 말씀을 전했다. 그 후 잠시 강단을 지키며 사역에 전력했지만 1889년 11월에 다시 건강이 급속히 나빠져서 망통으로 떠나야 했다.

스펄전의 마음은 뜨거운 열정으로 불타오르고 있었지만, 고장 난 기계처럼 더 이상 일할 수 없는 날이 오고야 말았다. 이제는 부품을 교체할 수도 없는 상황이었다. 건강을 돌보지 않고 사역에 전력한 결과, 모든 사역을 마감할 때가 된 것이다. 1891년 6월 어느 주일에 스펄전은 설교를 마치고 성도들에게 고별 인사를 했다.

사랑하는 형제 여러분, 아쉽지만 오늘이 마지막 설교가 될 것 같습니다. 하나님은 누구의 입을 통해서든 계속 구원의 복음을 선포하실 것입니다. 하나님만이 우리의 유일한 소망임을 잊지 마시기 바랍니다. 사랑하는 형제들이여, 천국에서 다시 만날 때까지 늘 하나님의 은총이 여러분에게 임하시길….

스펄전 자신의 예견대로 그날 이후 메트로폴리탄 타버너클 성도들은 스펄전의 설교를 듣지 못했다. 그날부터 스펄전은 자리에서 일어나지 못한 채 아내 수산나와 동생 제임스 목사와 함께 망통으로 향했다. 망통은 거의 20여 년을 해마다 요양을 위해서 머물던 육신의 안식처였다. 그해도 망통의 따뜻한 기후 가운데서 휴식을 취하며 회복을 위해 최선을 다했지만 하나님께서 허락해주신 삶의 연한을 넘길 수는 없었다.

1892년 1월 17일 주일 저녁 마지막 예배에 참석한 뒤 호텔로 돌아와서는 천국을 그리워하는 찬양을 드렸다. 1월 20일에는 통풍의 종기가 재발해서 다시는 일어나지 못할 자리에 눕게 되었다. 1월 23일에는 스스로 "나의 사역은 끝났다"고 자신의 최후를 고했다. 1월 26일 사랑하는 성도들에게 국제 전보로 사랑의 서신을 보냈다. 1월 27일에는 의식을 거의 잃은 채로 누워 있었다. 1월 31일 주일 밤 11시 5분까지 무의식 가운데 있다가 마침내 그토록 바라던 그리스도의 영광을 보며, 영원한 안식으로 들어갔다. 그는 지상에서 57년 7개월을 머물렀다.

2월 초 스펄전의 시신은 그와 36년간 생사고락을 함께 나눈 아내 수산나에 의해 메트로폴리탄 타버너클 교회로 옮겨졌다. 38년간 정들었던 목장에 싸늘한 육신이 도착하자 온, 교회가 눈물바다를 이루며 애도했고, 2월 11일 엄숙하게 장례식이 치러졌다. 한 세기를 복음으로 불태웠던 위대한 설교자의 마지막 가는 길에는 무려 6만여 명이 몰렸다. 이는 세기적인 기록으로, 그의 영향력이 어느 정도였는지 가히 짐작할 만하다.

생애 연보

1834	6월 19일 영국 에식스 캘버턴에서 태어나다.
1844	리처드 닐이 스펄전에 대해 예언하다.
1849	학생이자 시간강사로 뉴마켓 마을의 학교에 다니다.
	'정체를 벗긴 로마 가톨릭'이라는 에세이를 쓰다.
	콜체스터에서 회심하다.
1851	워터비치 침례교회에서 목회를 시작하다.
1853	런던 뉴 파크 스트리트 교회에서 설교하다.
1854	뉴 파크 스트리트 교회로 청빙되다.
	조지 뮬러를 만나 기도 사역의 비전을 갖다.
1855	엑시터 홀에서 최초로 설교하다.
	설교문을 인쇄하여 배포하다.
	설교집《뉴 파크 스트리트 강단》을 출간하다.
1856	수산나 톰슨과 결혼하다.
	쌍둥이 아들, 토머스와 찰스가 태어나다.
	서레이 뮤직홀에서 사고가 발생하다.
	목회자 대학을 설립하다.

1857	23,654명이 참석한 가운데 크리스털 궁에서 설교하다.
1859	메트로폴리탄 타버너클 성전 건축을 시작하다.
	다윈의 진화론이 발표되다.
1861	메트로폴리탄 타버너클 성전 입당 예배를 드리다.
1865	잡지 〈검과 흙손〉을 발간하다.
1867	교회를 보수하는 동안 농업회관에서 예배하다.
1868	쇠약해진 아내 수산나가 자리에 눕다.
1875	수산나가 도서기금 사역을 시작하다.
1887	신학적 갈등으로 인해 침례교단을 탈퇴하다.
1889	건강이 나빠져 프랑스 망통으로 떠나다.
1891	성도들에게 고별 설교를 하다.
1892	1월 31일 하나님의 부르심을 받다.
1903	1월 22일 수산나가 남편 곁으로 가다.

참고문헌

• Backhouse. Robert.ed., *Spurgeon on Revival*, Eastbourn: Kingsway Publications, 1996.

• Dallimore. Arnold A, *Spurgeon*, Edinburgh: The Banner of Trust, 1984.

• Fullton. W. Y, *Spurgeon. Charles H*, Chicago: Moody, 1966.

• Murray, Iain H, ed., C. H. Spurgeon Autobiography: 1, *The early years*, London: Banner of Truth, 1962.

• Murray, Iain H, ed., C. H. Spurgeon Autobiography: 2, *The Full Harvest*, London: Banner of Truth, 1973.

• Ray. Charles, *A Marvellous Ministry: The story of Spurgeon's Sermons*, London: Passmore and Alabaster, 1905. cited by Arnold Dallimore, Spurgeon, 1984.

• Richard. Day, C. H. Spurgeon(*The Shadow of the Broad Brim*), Grand Rapids: Baker Book House, 1934.

• 박종구,《세계 제일의 설교자 스펄전》, 신망애출판사, 1984.

• 송삼용,《영성의 거장들》, 기독신문사, 2002.

• 송삼용,《찰스 스펄전의 목회비전》, 기독신문사, 2000.

• 캐디 트릭스, 김경열 역,《청중을 움직인 위대한 설교자 찰스 스
펄전》, 기독신문사, 2000.